Unité 1 C'est la rentrée!

A Present tense: regular verbs

STUDENT BOOK **13** | GRAMMAR SECTION **241**

The present tense is used to talk about:
- events that are happening now, e.g. I am watching the film.
- events that happen on a regular basis, e.g. We go to the park on Fridays.
- people's likes and dislikes, e.g. They like to go out.

1 Below is a list of common regular verbs. Match the French infinitives with their English equivalent. Remember, the infinitive is the form of the verb you find in the dictionary and means 'to do something', e.g. *manger* = to eat. French infinitives end in *-er, -ir,* or *-re*.

a jouer ....
b regarder ....
c arriver ....
d préparer ....
e descendre ....
f téléphoner ....
g aimer ....
h détester ....
i rendre ....
j finir ....

k aider ....
l répondre ....
m choisir ....
n entendre ....
o écouter ....
p attendre ....
q quitter ....
r décider ....
s parler ....
t retourner ....

to decide	to reply	to prepare	to go down
to play	to watch	to listen (to)	to hate
to return	to speak	to hear	to help
to give back	to leave	to like	to choose
to finish	to arrive	to telephone	to wait

In the present tense regular verbs have the endings shown in the table below.

	-er verbs jouer	*-ir* verbs choisir	*-re* verbs vendre
je	jou**e**	chois**is**	vend**s**
tu	jou**es**	chois**is**	vend**s**
il/elle/on	jou**e**	chois**it**	vend
nous	jou**ons**	chois**issons**	vend**ons**
vous	jou**ez**	chois**issez**	vend**ez**
ils/elles	jou**ent**	chois**issent**	vend**ent**

2 Use the verb table to p
following verbs and give
e.g. Nous aim**ons**. → W

a Je répond ....
b Tu attend ....
c Il arriv ....
d Nous décid ....
e Elle regard ....
f Vous retourn ....
g Ils aid ....
h Ils entend ....
i Vous chois ....
j Je descend ....

l Elles fin ....
m Il aid ....
n Elle parl ....
o Vous téléphon ....
p Je détest ....
q Tu prépar ....
r On écout ....
s Elle rend ....
t Ils fin ....

B Present tense: exceptions

GRAMMAR SECTION **241**

Some *-er* verbs differ from the pattern described above:
- Verbs ending in **-cer** change the **c** to **ç** where the **c** is followed by *-o* or *-a*, to make the pronunciation soft, e.g. *lancer* (to throw):

  je lance, tu lances, il/elle/on lance

  *nous lan**ç**ons, vous lancez, ils /elles lancent*

  Other such verbs include *commencer* (to start), *avancer* (to advance), *menacer* (to threaten) and *remplacer* (to replace).
- Verbs ending in **-ger** add an **e** before **-ons** in the **nous** form to make the pronunciation soft, e.g. *nager* (to swim):

  je nage, tu nages, il/elle/on nage

  *nous nag**e**ons, vous nagez, ils/elles nagent*

  Other such verbs include *voyager* (to travel), *loger* (to lodge), *manger* (to eat), *partager* (to share) and *ranger* (to tidy).
- Verbs ending in **-eler** double the *l* in the **je**, **tu**, **il/elle/on**, **ils/elles** forms, e.g. *s'appeler* (to be called):

  *je m'appel**le**, tu t'appel**les**, il/elle/on s'appel**le***

  *nous nous appelons, vous vous appelez, ils/elles s'appel**lent***

  Other such verbs include *rappeler* (to recall) and *renouveler* (to renew).
- In a small group of verbs the acute accent in the infinitive changes to a grave accent in the **je**, **tu**, **il/elle/on**, **ils/elles** forms, e.g. *espérer* (to hope):

  *j'esp**è**re, tu esp**è**res, il/elle/on esp**è**re*

  *nous espérons, vous espérez, ils/elles esp**è**rent*

  Other such verbs include *répéter* (to repeat) and *préférer* (to prefer).
- In verbs ending in **-yer** the **y** changes to an *i* in the **je**, **tu**, **il/elle/on**, **ils/elles** forms: e.g. *payer* (to pay):

> *je paie, tu paies, il/elle/on paie*
>
> *nous payons, vous payez, ils/elles paient*
>
> Other such verbs include *appuyer* (to lean), *envoyer* (to send), *employer* (to use), *essayer* (to try) and *nettoyer* (to clean).
> * Some verbs add a grave accent in the *je*, *tu*, *il/elle/on*, *ils/elles* forms, e.g. *acheter* (to buy):
>
> *j'achète, tu achètes, il/elle/on achète*
>
> *nous achetons, vous achetez, ils/elles achètent*
>
> Other such verbs include *geler* (to freeze), *se lever* (to get up), *peser* (to weigh) and *promener* (to walk).
> * Some *-ir* verbs use the *-er* verb endings in the present tense, e.g. *offrir* (to offer):
>
> *j'offre, tu offres, il/elle/on offre*
>
> *nous offrons, vous offrez, ils/elles offrent*
>
> Others such verbs include *ouvrir* (to open), *couvrir* (to cover) and *souffrir* (to suffer).

3 Rewrite the following sentences with the correct form of the verb in the present tense.

e.g. Nous (*ranger*) la salle de classe. →
Nous **rangeons** la salle de classe.

a Nous (*nager*) dans la mer.

....

b On (*acheter*) des livres scolaires.

....

c Les garçons (*promener*) le chien.

....

d Il (*geler*) en hiver.

....

e Tu (*préférer*) l'anglais et les sciences.

....

f Nous (*remplacer*) les crayons et les stylos.

....

g Elles (*acheter*) des cahiers et des bics.

....

h Nous (*partager*) la salle de classe.

....

i Elle (*répéter*) la question.

....

j Nous (*commencer*) les cours à huit heures.

....

k Ils (*espérer*) aller au club de sports.

....

l Nous (*manger*) à la cantine.

....

m Je (*préférer*) les langues.

....

n Nous (*lancer*) la balle.

....

o Tu (*payer*) les billets d'entrée.

....

p Il (*essayer*) les exercices de maths.

....

q On (*nettoyer*) les tables.

....

r Elles (*envoyer*) des méls.

....

s Tu (*offrir*) des chocolats à ton prof.

....

t Ils (*ouvrir*) les cahiers.

....

C Present tense: irregular verbs

STUDENT BOOK **23** | GRAMMAR SECTION **242**

4 Below are some frequently used irregular verbs. Write down their meaning in English (e.g. *savoir* = to know). Use the verb list at the back for those you do not know.

a sortir................

b recevoir................

c avoir................

d être................

e aller................

f devoir................

g vouloir................

h boire................

i mettre................

j lire................

k voir................

l vivre................

m prendre................

n pouvoir................

o savoir................

p dire................

q écrire................

5 Use the verb tables at the back to work out how to say:

e.g. She reads (*lire*) → **Elle lit.**

a We write (*écrire*) ....

b She drinks (*boire*)................

c They say (*dire*)................

d I live (*vivre*)................

e We (On) leave (*partir*) ....

f You (s) see (*voir*) ....

g He puts (*mettre*) ....

h They (f) know (*connaitre*) ....

i They (m) make (*faire*) ....

j You (pl) have (*avoir*) ....

k I receive (*recevoir*) ....

l She wants (*vouloir*) ....

m I say (*dire*) ....

n We read (*lire*) ....

o You (s) go out (*sortir*) ....

p They (m) want (*vouloir*) ....

q You (pl) go (*aller*) ....

r I read (*lire*) ....

s She knows (*savoir*) ....

t We make (*faire*) ....

D Negative *ne...pas*

STUDENT BOOK **35** GRAMMAR SECTION **237**

> To make a sentence negative in the present tense, i.e. to say what you do not do or what you are not doing, use *ne...pas*. *Ne* goes in front of the verb; *pas* goes after (e.g. *Je regarde le film* = I am watching the film. *Je ne regarde pas le film* = I am **not** watching the film). *Ne* shortens to *n'* before a vowel or a silent h (e.g. *Il n'aime pas le tennis* = He does not like tennis. *Il n'habite pas ici* = He does not live here).

6 Unjumble the following sentences.

e.g. ne pas je fais sciences les. → **Je ne fais pas les sciences.**

a prenons pas nous le ne petit déjeuner.

....

b elle avec dine pas ne sa famille.

....

c ne à pas tu collège vas au pied.

....

d garçons vont les pas ne club au.

....

e aiment les n' repas filles pas les.

....

f le Paul ne pas tôt dimanche mange.

....

g ne tard on pas très rentre.

....

h ne sors je weekend le pas.

....

i vous les pas devoirs faites ne.

....

j cantine à Nadia ne la pas mange.

....

E *Depuis* and present tense

STUDENT BOOK **211** GRAMMAR SECTION **249**

> *Depuis* (for/since) can be used with the present tense to express how long something has been going on and implies that the action is still going on. French uses the present tense where the perfect tense is used in English:
>
> *Nous apprenons le français **depuis** 5 ans.*
>
> We have been learning French **for** 5 years.
>
> *J'habite ici **depuis** le mois de mai.*
>
> I have been living here **since** May.

7 Unjumble the following sentences then write the meaning of each sentence in English.

e.g. chorale dans tu deux chantes la depuis mois → **Tu chantes dans la chorale depuis deux mois.** You have been singing in the choir for two months.

a le ils apprennent français an un depuis.

....
....

b des depuis faisons nous heure une exercices.

....
....

c vas tu depuis au de club musique la sixième.

....
....

d depuis apprenez vous maths les l'âge six de ans?

....
....

e travaille je depuis M. Duval rentrée avec la.

....
....

f quand depuis es-tu membre club du de tennis?

....
....

g porte on uniforme un le gris depuis sept mars.

....

....

h Mme Gauthier ici trente travaille depuis ans.

....

....

i élève septembre vous au êtes collège depuis.

....

....

j portent lunettes elles du des depuis la trimestre fin.

....

....

8 On a separate sheet of paper, translate into French.

We have been living here since the end of May. We like living here because everything is quiet. My mother has been working at the school for 2 months and my father has been preparing the meals in the canteen since our arrival. My sister has been living in the town for a month because she prefers to live with her friends. I have been learning English for 2 years and I am going to visit England in September. We like to travel but we are going to stay here because it is very pretty.

STUDENT BOOK **33** GRAMMAR SECTION **236**

F Question words

Qui?	Who?
Que, Qu'est-ce que?	What?
Quand?	When?
À quelle heure?	At what time?
Où?	Where?
Combien?	How much, how many?
Pourquoi?	Why?
Combien de temps?	How long?
Comment?	How?

9 Choose an appropriate question word to start each question and give the meaning in English. There may be more than one possible answer.

e.g. ....est-ce que vous partez? →
Quand est-ce que vous partez? **When** do you leave?

Or *À **quelle** heure est-ce que vous partez?* **At what time** do you leave?

Or *Pourquoi est-ce que vous partez?* **Why** are you leaving?

Or *Comment est-ce que vous partez?* **How** are you leaving?

a .... habites-tu?

....

b .... est ton prof préféré?

....

c .... tu aimes au collège?

....

d .... vas-tu au collège? À pied?

....

e .... passes-tu au club de sport? Une heure?

....

f .... est-ce que tu as les sciences?

....

g .... est-ce que les cours commencent?

....

h .... est ton collège?

....

i .... de professeurs est-ce qu'il y a au collège?

....

j Avec..est-ce que tu vas au collège?

....

k .... manges-tu à la cantine?

....

l .... sont les profs dans ton collège?

....

Asking questions

To change a statement into a question you can:
- Make your voice go up at the end of the sentence, e.g. *Tu aimes les maths↑?*
- Use inversion: swap the subject and the verb and insert a hyphen, e.g. *Aimes-tu les maths?*
- Put '*Est-ce que...*' at the beginning of the sentence, e.g. *Est-ce que tu aimes les maths?*

Note: in inversion an extra **t** is added between two vowels. This makes the pronunciation easier, e.g. *A-t-elle des soeurs?* Does she have sisters?

10 Make these statements into questions by using inversion or *est-ce que*. Remember to use the extra *t* if necessary.

a Tu as des frères.

....

b Vous habitez en Suisse.

....

c Il préfère les maths.

....

d Elle aime les sciences.

....

e Ils finissent à 6 heures.

....

f Il commence à 8 heures.

....

g Tu détestes les devoirs.

....

h Vous travaillez dur.

....

i On a espagnol aujourd'hui.

....

j Nous mangeons de bonne heure.

....

> Question words such as *quand?* (when?) can be used
> in front of an inversion or in front of *est-ce que....*
> For example, *Tu vas au collège → Quand vas-tu au
> collège?* or *Quand est-ce que tu vas au collège?*

11 Make the following statements into questions using *est-ce que* and inversion….

e.g. Vous allez au lycée (*When?*) → **Quand est-ce** que
vous allez au lycée? *or* **Quand** allez-vous au lycée?

a Vous aimez le sport (*Why?*)

....

....

b Tu préfères le dessin (*Why?*)

....

....

c Elle mange le diner (*At what time?*)

....

....

d Elle aime (*Who?*)

....

....

e Tu vas au cinéma (*How?*)

....

....

f Tu restes chez toi (*How long?*)

....

....

g Vous préférez (*What?*)

....

....

h Ils arrivent en ville (*When?*)

....

....

i On commence (*Where?*)

....

....

j Nous regardons le film (*At what time?*)

....

....

G Adjectives

STUDENT BOOK **11**   GRAMMAR SECTION **229**

> Adjectives are words that describe a noun (e.g.
> a **green** car, a **big** car). In French the spelling of
> an adjective changes to agree with the noun it is
> describing. The most usual way to make an adjective
> agree with its noun is to:
> ● add **-e** for feminine singular
> ● add **-s** for masculine plural
> ● add **-es** for feminine plural
>
> *Le chapeau est bleu. La robe est bleue. Les chapeaux
> (m) sont bleus. Les robes (f) sont bleues.*
>
> Some adjectives form their feminine and/or plural
> forms differently:
> ● *nouveau/nouvelle, nouveaux/nouvelles*
> ● *gentil/gentille, gentils/gentilles*
> ● *paresseux/paresseuse, paresseux/paresseuses*
> ● *positif/positive, positifs/positives*
> ● *cher/chère, chers/chères*
> ● *indien/indienne, indiens/indiennes*
> ● *gros/grosse, gros/grosses*
>
> Adjectives ending in an **-e**, do not change in the
> feminine, e.g. *agréable* is both masculine and
> feminine.

12 Underline the correct adjective in each pair.

e.g. La maison bleu/**bleue** est très grand/**grande**.

a Mme Thibaud est très petit/petite et elle est toujours
assez bavard/bavarde.

b Mon père est plutôt paresseux/paresseuse mais il est très
généreux/généreuse.

c La mère de Sophie est toujours souriant/souriante et elle
est souvent patient/patiente.

d M. Legrand a une barbe gris/grise et il porte des lunettes
noirs/noires.

e Les profs sont toujours patient/patients mais ils ne sont
pas très amusants/amusantes.

f La robe de Mme Dubois est bleu/bleue et son chapeau est jaune/jaunes.

g Ma sœur est très barbant/barbante mais elle est super intelligent/intelligente.

h Les filles ont les cheveux long/longs et elles ont les yeux verts/vertes.

i Le principal est tout à fait impatient/impatiente et il a une grand/grande moustache.

j J'aime les profs amusant/amusants.

13 Complete the table of adjectives:

m s	f s	m pl	f pl
sportif	sportive		
généreux			
aimable			
gentil		gentils	
fatigué			
français			
bas			
bon			bonnes

14 Unjumble the sentences below.

e.g. la/blonde/le/fille/garçon/aime/sensible. → **La fille blonde aime le garçon sensible.**

a Mme/a/noirs/et/cheveux/Leclerc/les/petite/elle/est.

....

b sportif/Paul/Louise/est/mais/paresseuse/est.

....

c forts/ils/parce/sont/en/maths/que/cours/intéressants/les/sont.

....

d préféré/mon/la/prof/est/mais/principale/est/patient/sérieuse.

....

e sa/il/a/longue/les/courts/cheveux/est/et/barbe/assez.

....

f ambitieuses/très/femmes/les/hommes/sont/et/les/sont/consciencieux.

....

> ### Position of adjectives
>
> In French, adjectives usually **follow** the noun, e.g. *un cours **intéressant**, une matière **utile**, des professeurs **sympathiques***. However, a small number of adjectives are placed before the noun: ***grand**, **petit**, **nouveau**, **vieux**, **haut**, **bon**, **mauvais**, **beau**, **joli**, **jeune**, **premier**, **long***. Examples: *un **petit** homme, un **grand** collège, les **nouveaux** élèves.*

15 Unjumble these sentences. Make sure you put the adjective in the right place.

e.g. avez/prof/le/dessin/de/nouveau/vous. → **Vous avez le nouveau prof de dessin.**

a avons/prof/un/maths/de/vieux/nous.

....

b aimez/livres/science/de/vous/nouveaux/les?

....

c les/bijoux/blancs/ils/préfèrent.

....

d nous/à/cantine/nouvelle/la/mangeons.

....

e elles/les/ordinateurs/vieux/essaient.

....

f j'ai/de/dessin/la/jolie/prof.

....

g commences/cours/tu/les/premiers.

....

h a/il/timide/le/prof.

....

i tu/as/profs/aimables/des.

....

j mange/je/les/biscuits/petits.

....

16 Write out the sentences below by putting the adjectives in the correct place and in the correct form.

e.g. Nous restons dans une maison (*bleu, long*) → **Nous restons dans une longue maison bleue.**

a Elle porte une veste (*gris, joli*).

....

b J'habite une maison (*blanc, petit*).

....

c La prof explique bien (*amusant, grand*).

....

d Ils préfèrent les livres (*triste, vieux*).

....

e Je cherche un dictionnaire (*anglais, nouveau*).

....

f La Guadeloupe est un département (*beau, français*).

....

g Mon collège se trouve dans une ville (*beau, vert*).

....

h Le Luxembourg est un pays (*francophone, petit*).

....

i Nous logeons dans un hôtel (*grand, suisse*).

....

j Nous partageons un repas (*bon, sénégalais*).

....

H Reflexive verbs

STUDENT BOOK **19** | GRAMMAR SECTION **246**

Reflexive verbs are listed in the dictionary with the reflexive pronoun **se** placed before the infinitive, e.g. **se laver** (to get washed). The reflexive pronoun changes according to the person doing the action. The negative *ne…pas* fits around the verb and the reflexive pronoun: *Je **ne** me lave **pas**.*

je **me** lave	nous **nous** lavons
tu **te** laves	vous **vous** lavez
il **se** lave	ils **se** lavent
elle **se** lave	elles **se** lavent
on **se** lave	

17 Write the following reflexive verbs in the present tense giving the correct reflexive pronoun and the correct verb ending.

e.g. Tu (*se maquiller*) → **Tu te maquilles.**

a Je (*se lever*)..............

b Nous (*se réveiller*)..............

c Vous (*se coucher*)..............

d Elle (*se maquiller*)..............

e Tu (*se lever*)..............

f Ils (*se doucher*)..............

g Elles (*se peigner*)..............

h On (*se marier*)..............

i Je (*s'approcher*)..............

j Ils (*s'amuser*)..............

k Elle (*s'habiller*)..............

l Nous (*se promener*)..............

m Vous (*s'excuser*)..............

n Nous (*s'ennuyer*)..............

o Il (*s'appeler*)..............

18 Unjumble the following to make sentences.

e.g. nous/à/nous/heures/levons/huit/heures. → **Nous nous levons à huit heures.**

a nous/promenons/nous/les/tous/jours.

....

b le/elle/réveille/se/vers/heures/huit/samedi.

....

c vous/ne/pas/ennuyez/classe/en/d'habitude/vous?

....

d il/avant/dix/tous/couche/se/les/heures/jours.

....

e s'/amuse/on/ne/centre/pas/sportif/au.

....

f douches/te/tu/prends/bain/un/ou/tu?

....

g prends/je/petit déjeuner/mon/puis/je/douche/me.

....

h ils/d'abord/ils/peignent/se/puis/sortent.

....

i on/marie/à/se/l'église.

....

j matin/me/chaque/je/à/heures/lève/sept.

....

19 These sentences do not have any vowels. Can you work out what each sentence is?

e.g. Jmlvsxhrs → **Je me lève/lave à six heures.**

a lscchdxhrs.

....

b Vsvsrvllzdbnnhr.

....

c Nsnsdchns.

....

d llssprmntdnslprc.

....

e Jnmcchpsvntcnqhrs.

....

20 Rewrite the text below with the correct form of the verb.

e.g. Pendant la semaine, je **me lève**…

Pendant la semaine, je (*se lever*) .... vers 6 heures parce que je (*aller*) .... au collège. Je (*se laver*)

.... dans la salle de bains et je (*s'habiller*) ....
très vite; après ça je (*descendre*) .... à la cuisine
où je (*prendre*) .... le petit déjeuner. Normalement
je (*boire*) .... un jus d'orange et je (*manger*) ....
des céréales. Je (*se brosser*) .... les dents, et
après ça je (*dire*) .... au revoir à ma mère et je
(*partir*)..........Je (*mettre*) .... 5 minutes pour aller
à l'arrêt d'autobus et le trajet en bus (*durer*) ....
20 minutes. Dans le bus, je (*parler*) .... avec les
copains. À la fin de la journée scolaire, je (*être*) ....
fatiguée. Le soir je (*diner*) .... et je (*regarder*)
.... la télé, et moi, je (*finir*) .... les devoirs et je
(*se coucher*) .... vers 10 heures.

21 On a separate sheet, rewrite the text above using *il*.

e.g. **Pendant la semaine, il se lève vers six heures.**

22 On a separate sheet, translate into French.

Each day I wake up at about 6.30. Normally I get up straight away. I get washed, then I get dressed and go downstairs to the kitchen, where I have my breakfast with my family. I do not leave the house before 7.30 because I go to school by bus, with my friends. After school I go home by bus, I eat an apple and I drink some tea and do my homework. Later, we eat and we watch the television. I do not go to bed late!

▯ Immediate future

STUDENT BOOK	GRAMMAR SECTION
69	**243**

> The immediate future is used to talk about what people are going to do. To do this, use an appropriate part of the verb **aller** and an infinitive, e.g. *Je **vais manger** vers 6 heures* = I am going to eat at about 6 o'clock. Below is the verb **aller** in full.

I go	je vais
you (s) go	tu vas
he goes	il va
she goes	elle va
one goes	on va
we go	nous allons
you (pl) go	vous allez
they (m) go	ils vont
they (f) go	elles vont

23 Answer these questions in French.

e.g. Qu'est-ce tu vas manger ce soir?
Je vais manger une pizza.

a Qu'est-ce que tu vas étudier cette année?

....

b Ton père, qu'est-ce qu'il va porter demain?

....

c Avec qui est-ce que tu vas sortir ce soir?

....

d Tes profs, que vont-ils faire cet été?

....

e Qu'est-ce que tu vas faire ce weekend?

....

f Tu vas faire des devoirs ce soir?

....

g Que vas-tu regarder à la télé aujourd'hui?

....

h Quels sports vas-tu pratiquer au collège?

....

Unité 2 On se détend

A *En* + present participle

STUDENT BOOK	GRAMMAR SECTION
131	**246**

> The construction **en** + the present participle is used to describe two actions being done at the same time by one person, e.g. *Je regarde un film **en faisant** mes devoirs* = I watch a film while doing my homework.
>
> To form the present participle, take the **nous** form of the present tense of the verb, then remove **-ons** and add **-ant**, e.g. **prenons** → **prenant.**
>
> Three verbs have irregular present participles: **avoir** (to have) → **ayant**; **être** (to be) → **étant**; **savoir** (to know) → **sachant**.
>
> The present participle of reflexive verbs is usually given in the *il/elle* form, but the reflexive pronoun needs to change in context, e.g. **s'amuser** (to have fun/to play) → present participle: **s'amusant**.
>
> *Je chante en **m'amusant*** = I sing while playing.

1 Write the present participle of the verbs below. Look up the *nous* part of the verb if you are unsure of its form.

e.g. aller → nous allons → **allant**

a sortir ....

b se lever ....

c faire ....

d regarder ....

e s'habiller ....

f lire ....

g finir ....

h venir ....

i rentrer ....

j jouer ....

k partir ....

l s'amuser ....

m boire ....

n descendre ....

o avoir ....

p manger ....

q espérer ....

r lancer ....

s monter ....

t prendre ....

2 *'Il lit le journal en regardant la télévision'* means 'He reads the newspaper while watching the television'. The sentence could be changed to: *'Il regarde la télévision en lisant le journal'* ('He watches the television while reading the newspaper'). Following the same pattern, rewrite the sentences below.

a Je vais chez mes copains en écoutant mon iPod.

....

b Nous faisons du vélo dans le parc en bavardant.

....

c Elle joue au tennis en parlant à ses amis.

....

d Tu lis le magazine en prenant ton petit déjeuner.

....

e Vous vous douchez en écoutant la radio.

....

f Ils écoutent des histoires en dessinant.

....

g Il s'habille en mangeant du toast.

....

h Elles se promènent en réfléchissant à leur diner.

....

i On prépare le diner en regardant la télé.

....

j Ils se disputent en jouant au tennis.

....

B *Faire*

> *Faire* is an irregular verb. Here is the verb in full in the present tense: *je fais, tu fais, il/elle/on fait, nous faisons, vous faites, ils/elles font.*
>
> Although *faire* normally means 'to do' or 'to make', it can sometimes mean 'to go' or have a different meaning altogether, e.g. *faire une promenade* (to go for a walk) and *faire une partie de tennis* (to have a game of tennis).

3 Translate the following sentences.

e.g. Je fais du vélo tous les jours. →
I go cycling every day.

a Nous faisons de la voile en été.

....

b Elle fait du cheval avec ses copains.

....

c Ils font du footing depuis trois semaines.

....

d Elles font du shopping tous les samedis.

....

e Je fais du lèche-vitrine avec mes copines.

....

f On va faire du kayak en été.

....

g Tu fais de la natation pour être en forme.

....

h Vous faites partie du club de ski.

....

i Tu fais des parties de football au club?

....

j Il fait la grasse matinée le weekend.

....

4 Translate into French (on a separate sheet of paper).

Each week, I go horse riding with my friends. We belong to a club in the country. At the weekend, I sleep in and afterwards I do my homework or I go for a bike ride in the park. My sisters like to do sport at the weekends and they have games of netball or hockey. My mum is not a sports fan, but she goes for a walk at the weekend. My dad goes hiking as he has a lot of stress at work. Next week, we are going to go skiing in the Alps and we are going to go window shopping in the evenings.

C Modal verbs

> The modal verbs **pouvoir** (to be able/can), **savoir** (to know (how)), **vouloir** (to wish, to want) and **devoir** (to have to/must) are irregular and are often followed by an infinitive. Revise these verbs before completing the exercises below.

5 Rewrite these sentences with the correct form of the present tense.

e.g. Nous (*pouvoir*) sortir ce soir. →
Nous **pouvons** sortir ce soir.

a Elle (*pouvoir*) aller au bowling.

....

b Je (*vouloir*) regarder les jeux à la télé.

....

c Ils (*ne pas savoir*) cuisiner.

....

d Nous (*devoir*) rester à la maison.

....

e Tu (*savoir*) que j'aime les émissions de sport.

....

f Il (*vouloir*) acheter le dernier livre de J. K. Rowling.

....

g Vous (*devoir*) écouter les informations.

....

h Je (*pouvoir*) écouter la radio en faisant mes devoirs.

....

i On (*ne pas pouvoir*) jouer au foot.

....

j Elles (*vouloir*) finir le roman historique.

....

6 On a separate sheet of paper, translate the text into French.
Every day, I have to get up at 7 o'clock. I can get up later at the weekend but my sister always wants to go to the swimming pool, and I have to go to the pool with her. We can go to the cafe afterwards to meet our friends. They always want to play football in the afternoon, so I have to do my homework before lunch. In the evenings, we can go out if we wish but my parents always say that we must return home before 10 o'clock.

D Imperative

> The imperative is used to give a command. Use the **tu** or **vous** part of the verb in the present tense:
>
> **Finis** tes devoirs = **Finish** your homework.
>
> **Mangez** les légumes = **Eat** the vegetables.
>
> Verbs ending in **-er** drop the **-s** from the **tu** form:
>
> **Regarde** le film = **Watch** the film.
>
> To give a negative command, place **ne** in front of the verb and **pas** after it:
>
> **Ne finis pas** tes devoirs = **Don't finish** your homework.
>
> To say 'Let's...' use the **nous** part of the verb:
>
> **Jouons** au tennis = **Let's play** tennis or, in the negative, **Ne jouons pas** au tennis = **Let's not play** tennis.
>
> The exceptions are:
> - être — sois, soyons, soyez
> - avoir — aies, ayons, ayez
> - savoir — sache, sachons, sachez
> - vouloir — veuille, veuillez (there is no *nous* form)

7 On a separate sheet of paper, for each verb below, give the *tu*, *nous* and *vous* forms of the imperative and also the negative forms. Complete the sentence with an appropriate word or words.

e.g. jouer → **joue au tennis, jouons au golf, jouez au cricket, ne joue pas au rugby, ne jouons pas au badminton, ne jouez pas au hockey**

a	regarder	**f**	lire
b	partir	**g**	manger
c	choisir	**h**	finir
d	vendre	**i**	être
e	faire	**j**	écouter

E Imperative: reflexive verbs

> Reflexive verbs need their appropriate reflexive pronoun in the imperative:
>
> *Lève-toi** = Get up.
>
> *Couchez-vous* = Go to bed.
>
> *Levons-nous* = Let's get up.
>
> * The personal pronoun **te** changes to **toi** in an affirmative command.
>
> The negative imperative of reflexive verbs is formed thus:

*Ne **te** lève pas* = Don't get up.

*Ne **vous** couchez pas* = Don't go to bed.

*Ne **nous** levons pas* = Let's not get up.

8 On a separate sheet of paper, for each verb below, give the *tu*, *vous* and *nous* forms of the imperative and also the negative forms.

e.g. se coucher → **couche-toi, couchez-vous, couchons-nous, ne te couche pas, ne vous couchez pas, ne nous couchons pas**

a se lever

b se maquiller

c se laver

d se doucher

e s'amuser

F Perfect tense: regular verbs

STUDENT BOOK **79** GRAMMAR SECTION **243**

> The perfect tense is used to talk about things that happened or have happened in the past, e.g. Yesterday I visited the museum. She has gone to Paris.
>
> The perfect tense of all verbs is formed with two parts. Most verbs use a part of ***avoir*** in the present tense (called the auxiliary verb) and a past participle. To form the past participle of regular verbs, remove the final ***-er***, ***-ir*** or ***-re*** from the infinitive and add the following endings: ***-é*** for an ***-er*** verb, ***-i*** for an ***-ir*** verb and ***-u*** for an ***-re*** verb. The present tense of *avoir* is *j'ai, tu as, il/elle/on a, nous avons, vous avez, ils/elles ont*.

9 Complete the following sentences with the correct part of *avoir* and the past participle of the regular verb given in brackets.

e.g. Il .... (*jouer*) au tennis avec ses amis. → **Il a joué** au tennis avec ses amis.

a L'année dernière, nous .... (*visiter*) le musée du Prado.

b Pendant les vacances, tu ....(*regarder*) beaucoup de films.

c Hier soir, on .... (*finir*) le diner vers 7 heures.

d Vendredi dernier, j'..................................... (*attendre*) mes amis pendant une heure.

e Pendant votre séjour, vous .... (*aider*) vos parents.

f La semaine dernière, il .... (*répondre*) à toutes les questions.

g Marie-France .... (*choisir*) un très bon gâteau.

h Les garçons .... (*oublier*) leurs devoirs.

i Lucie et Julie .... (*louer*) deux vélos pendant les vacances.

j Moi, j'............................... (*entendre*) ce disque hier.

10 Write the verbs a–j (above) in the negative form.

e.g. Il a joué... → Il **n'a pas** joué...

a ....

b ....

c ....

d ....

e ....

f ....

g ....

h ....

i ....

j ....

G Perfect tense: irregular past participles

STUDENT BOOK **81** GRAMMAR SECTION **244**

> Some verbs do not form the past participle in the regular way, e.g. ***vu*** is the past participle of ***voir***. Use the verb tables at the back to find irregular past participles.

11 Complete the sentences with the correct part of *avoir* and the past participle.

a Hier, nous .... (*voir*) la tour Eiffel.

b Marc et Christophe .... (*prendre*) trop de photos de nous.

c Christine .... (*mettre*) sa jolie robe.

d Henri .... (*faire*) son travail.

e Il y a une semaine, tu .... (*écrire*) une lettre.

f Moi, j' .... (*avoir*) une bonne surprise.

g Pendant la visite, vous .... (*être*) déçu?

h Elles .... (*courir*) jusqu'à la gare.

i On .... (*boire*) de l'eau pendant la traversée.

j J' ....(*découvrir*) la solution.

12 Write sentences a–j in the negative.

e.g. Hier, nous avons vu... → Hier, nous **n'**avons **pas** vu...

a ....

b ....

c ....

d ....

e ....

f ....

g ....

h ....

i ....

j ....

e Il y a un mois, on (m pl) .... (*monter*) au sommet de la tour Eiffel.

f Vous (f pl) .... (*rester*) avec Pierre?

g Angélique .... (*tomber*) de l'arbre en jouant avec ses cousins.

h Le mois dernier, nous (m pl) ....(*sortir*) avec des amis.

i Elles .... (*venir*) avec nous.

j Moi, je (f) .... (*descendre*) à Rouen.

STUDENT BOOK 81 | GRAMMAR SECTION 244

⊞ Perfect tense: *être* verbs

Some verbs use *être* instead of *avoir* to form the perfect tense. The most common are:

- *aller* (to go)
- *arriver* (to arrive)
- *descendre* (to go down/come down)
- *entrer* (to go in)
- *monter* (to go/come up)
- *mourir* (to die)
- *naitre* (to be born)
- *partir* (to leave)
- *rester* (to stay)
- *retourner* (to return)
- *sortir* (to go out, to come out)
- *tomber* (to fall)
- *venir* (to come)

The present tense of *être* is *je suis, tu es, il/elle/on est, nous sommes, vous êtes, ils/elles sont*.

The past participle of a verb used with *être* must agree with the subject, as follows:
- for masculine singular, add nothing to the past participle
- for feminine singular, add *-e*
- for masculine plural, add *-s*
- for feminine plural, add *-es*

je suis parti (m s)	*je suis partie* (f s)
tu es parti (m s)	*tu es partie* (f s)
il est parti (m s)	*elle est partie* (f s)
nous sommes partis (m pl)	*nous sommes parties* (f pl)
vous êtes partis (m pl)	*vous êtes parties* (f pl)*
ils sont partis (m pl)	*elles sont parties* (f pl)

* *Vous êtes parti* and *vous êtes partie* are also possible if talking about one person.

13 Complete the sentences with the correct part of *être* and the past participle.

e.g. Louise .... (*aller*) en France. → Louise **est allée** en France.

a Il y a un an, je (m) ....(*arriver*) en France pour commencer mon stage.

b En aout, Pierre .... (*aller*) en Écosse.

c Hier, tu (f) .... (*retourner*) dans ta ville.

d Le weekend dernier, les garçons .... (*partir*) de la maison vers 8 heures.

14 Write the verbs a–j in the negative.

e.g. Louise **n'est pas allée** en France.

a ....

b ....

c ....

d ....

e ....

f ....

g ....

h ....

i ....

j ....

⧠ Perfect tense: reflexive verbs

STUDENT BOOK 83 | GRAMMAR SECTION 244

Reflexive verbs also use *être* to form the perfect tense:

Je me suis levé(e)	*Nous nous sommes levé(e)s*
Tu t'es levé(e)	*Vous vous êtes levé(e)(s)*
Il/elle/on s'est levé(e)(s)(es)	*Ils/elles se sont levé(e)s*

The negative *ne...pas* is placed thus:
Je ne me suis pas levé(e)

15 Rewrite these sentences in the perfect tense.

e.g. Pierre se lave à 7 heures. → Pierre **s'est lavé** à 7 heures.

a Anne-Marie se réveille à 8 heures.

....

b Les garçons s'ennuyent ici.

....

c Je (f) me dépêche pour arriver à l'heure.

....

d Elles se maquillent avant de partir.

....

e Tu (f) t'amuses avec tes amis.

....

f On (m pl) se couche avant minuit.

....

g Il s'arrête devant l'hôtel de ville.

....

h Nous (f) nous douchons.

....

i Vous (f s) vous levez à 9 heures.

....

j Je (m) me promène dans le parc.

....

16 Write sentences a–j in the negative.

e.g. Pierre **ne s'est pas lavé** à 7 heures.

a ....

b ....

c ....

d ....

e ....

f ....

g ....

h ....

i ....

j ....

J Perfect tense: *avoir* and *être* verbs

STUDENT BOOK **81**   GRAMMAR SECTION **244**

> When writing verbs in the perfect tense, think about the following:
>
> ● Does the verb take *avoir* or *être*?
> ● Does the verb have an irregular past participle?
> ● Do you need to make an agreement?

17 Write the following verbs in the perfect tense.

e.g. Louise (*danser*) = **Louise a dansé.**

    Pierre (*recevoir*) = **Pierre a reçu.**

    Les garçons (*arriver*) = **Les garçons sont arrivés.**

    Claire (*se lever*) = **Claire s'est levée.**

a Je (f) (*partir*) ....

b Hélène (*se réveiller*) ....

c Les garçons (*boire*) ....

d Tu (*finir*) ....

e Jean-Luc (*entendre*) ....

f Vous (f pl) (*se laver*) ....

g Nous (m) (*partir*) ....

h On (*regarder*) ....

i Elles (*aller*) ....

j Je (f) (*se coucher*) ....

k Ils (*monter*) ....

l Tu (*faire*) ....

m Martin (*sortir*) ....

n On (*courir*) ....

o Il (*s'assoir*) ....

p Je (*visiter*) ....

q Elle (*venir*) ....

r Nous (f) (*se maquiller*) ....

s Vous (*avoir*) ....

t Les filles (*se dépêcher*) ....

18 Complete the passage below by writing the correct form of the verb given in brackets in the perfect tense. Remember to think about the auxiliary verb and the past participle.

Pendant les vacances d'aout, Jean-Luc **a passé** (*passer*) ses vacances avec ses parents et son frère, à Londres en Angleterre; ils **1**............... (*voyager*) en avion et, après leur arrivée, ils **2**............... (*trouver*) un petit hôtel dans les faubourgs de la cité. Le premier jour, tout le monde **3**............... (*visiter*) l'abbaye de Westminster, le palais de Buckingham et la rue d'Oxford. Le deuxième jour, au petit déjeuner, Jean-Luc **4**............... (*voir*) une jolie petite anglaise qui s'appelait Juliet, assise à côté de leur table, avec sa famille. Jean-Luc **5**............... (*vouloir*) parler avec elle. Mais hélas, il ne parlait pas anglais et la petite anglaise ne parlait pas français. Pendant la semaine, il **6**............... (*acheter*) un dictionnaire et il **7**............... (*pouvoir*) lui parler un peu. Ils **8**............... (*devenir*) amis et, avant de partir, ils **9**............... (*échanger*) leurs adresses e-mail. Une fois rentré en France, Jean-Luc **10**............... (*faire*) beaucoup d'efforts pendant ses cours d'anglais et il **11**............... (*envoyer*) des e-mails à Juliet en anglais. L'année suivante, Juliet **12**............... (*inviter*) Jean-Luc chez elle et il **13**............... (*passer*) deux semaines en Angleterre. Quelques années après, Jean-Luc **14**............... (*faire*) une licence en anglais. Il **15**............... (*travailler*) en Angleterre et Jean-Luc et Juliet **16**............... (*se marier*). Ils **17**............... (*avoir*) deux enfants et ils **18**............... (*être*) très heureux.

K *Venir de* + infinitive

STUDENT BOOK **161** GRAMMAR SECTION **249**

> ***Venir*** in the present tense followed by **de** means 'to have just [done something]':
>
> *Luc **vient de** partir* = Luc has just left.
>
> Here is the verb ***venir*** in the present tense: *je viens, tu viens, il/elle/on vient, nous venons, vous venez, ils/elles viennent.*

19 The French sentences below do not contain any vowels. Work out what each sentence is and translate into English.

Jvnsdfrdvl → **Je viens de faire du vélo.**
I've just been for a bike ride

a Tvnsdmngr

....

b lvntdfnr

....

c Nsvnnsdsrtr

....

d lsvnnntdprtr

....

e Vsvnzdrvnr

....

20 Look at the pictures below. For each one, write a sentence to say what has just happened.

Nous **venons de prendre notre** dîner.

a  **b**

a il .... se coucher

b elle .... regarder

c **d**

c ils .... sortir

d je .... écrire

Unité 3 Là où j'habite

A Pronoun *y*

STUDENT BOOK **87** GRAMMAR SECTION **235**

> The pronoun **y** usually refers to a place that has already been mentioned (*à la maison*, *chez elle*, *dans le parc*) and is translated as 'there'. It is placed before the verb.

1 Look at Michel's calendar entries. Choose the correct sentences to answer the questions.

e.g. Quand est-ce que Michel va à la plage? → Il **y** va en juillet.

FÉVRIER	MARS	AVRIL	MAI	JUIN	JUILLET
Ski dans les Alpes (une sem.)	À la maison	Voyage à Rome en voiture (12–17)	Mariage de Paul et Chloé à Paris (4 jours)	Dans les Pyrénées (Eurostar) (20–30)	Studio à Canet-Plage (une sem.)

a Michel va à Paris pour visiter?

....

b Comment est-ce que Michel va à Rome?

....

c Et dans les Pyrénées?

....

d Quand est-ce que Michel à la montagne?

....

e Quand est-ce qu'il reste à la maison?

....

i Il y va en février.

ii Il y reste au mois de mars.

iii Non, il y va pour un mariage.

iv Il y va en train.

v Il y va en voiture.

> In the present tense, *y* is placed before the verb. In the perfect tense, it is placed before the auxiliary. In the immediate future, it is placed before the second verb (the infinitive):
>
> *J'aime la plage. J'**y** vais tous les jours. J'**y** suis allé hier, et je vais **y** aller demain.*
>
> I like the beach. I go there every day. I went there yesterday and I am going to go there tomorrow.

2 Replace the phrases in bold by *y*. Think carefully about the position of *y*.

e.g. Mon ami marocain est à Rabat. Sa famille habite **à Rabat**. → Sa famille **y** habite.

a Nous aimons Grenoble. Nous avons un appartement **à Grenoble**.

....

b Paolo retourne souvent en Italie. Il va **en Italie** pour voir ses cousins.

....

c Marrett est chef d'orchestre en Suède. Je vais aller **en Suède** en juin.

....

d Pierre travaille au Mali. Il a acheté un studio **au Mali**.

....

e L'école d'Amira est assez loin. Mais elle va aller **à l'école** tous les jours!

....

f Saara est devant la statue. Elle est **devant la statue** pour la photo.

....

> ### *Y* with a negative
>
> In a negative sentence, *y* is still placed immediately before the verb in the present tense, immediately before the auxiliary in the perfect tense and immediately before the second verb (infinitive) in the immediate future:
>
> *Je n'aime pas la plage. Je n'**y** vais jamais. Je n'**y** suis pas allé hier, et je ne vais pas **y** aller demain.*

3 Put the sentences obtained in exercise 2 in the negative

e.g. Sa famille n'**y** habite pas.

a ....

b ....

c ....

d ....

e ....

f ....

B Comparatives

STUDENT BOOK **27** | GRAMMAR SECTION **233**

> To compare two people or two things, use ***plus...que*** (more ... than), ***moins...que*** (less ... than) and ***aussi...que*** (as ... as).
> - *Paris est **plus** grand **que** Lomé.*
>   Paris is bigger than Lomé.
> - *Paris est **moins** chaud **que** Lomé.*
>   Paris is less hot than Lomé.
> - *Lomé est **aussi** intéressant **que** Paris.*
>   Lomé is as interesting as Paris.
>
> The adjective used for the comparison agrees in gender and in number with the noun to which it refers.
> - ***Peter** est moins gran**d** que Marie, et **Marie** est moins gran**de** que Lin.*
> - ***Ils** sont plus for**ts** que les filles, et **elles** sont plus for**tes** que moi.*
>
> Remember the following comparatives:
> - ***bon*** (good) → ***meilleur*** (better)
> - ***mauvais*** (bad) → ***plus mauvais*** or ***pire*** (worse)
>
> e.g. *Ce film est **meilleur que** l'autre.*
> This film is **better than** the other one.
>
> *Les maths sont **pires que** les sciences!*
> Maths is **worse than** science!

4 Cross out the incorrect form of the adjective in the sentences below.

e.g. Cette région est plus ~~ensoleillé~~/ensoleillée que les régions voisines.

a Mon quartier est moins bruyant/bruyante que le centre-ville.

b Ici, le climat est aussi doux/douce que dans le reste du pays.

c Les villages anciens sont plus isolés/isolées que les villages modernes.

d La qualité de l'air est meilleur/meilleure à la campagne qu'à la ville.

e Dans l'est du pays, la pluie est pire/pires que dans le sud.

5 On a separate sheet of paper, write five sentences of your own to make comparisons between the countries listed. Use some of the adjectives in the lists on the right.

e.g. Le Canada **est plus grand que** le Pays de Galles.

e.g. La population de la France **est moins importante que** la population des États-Unis.

la Suisse	le Togo	moderne	humide
la Belgique	la France	petit	froid
le Pays de Galles	les États-Unis	riche	pauvre
les Pays-Bas	le Brésil	intéressant	industrialisé
le Canada	le Sénégal	peuplé	cher
		connu	important
		grand	chaud

GRAMMAR SECTION 236

C Questions with *où*?

Use *où...?* to find out where people or things are. Questions can be phrased in three different ways. To ask where your friend lives, you can say:

● *Tu habites **où**?*
● ***Où** est-ce que tu habites?*
● ***Où** habites-tu?*

When inverting verb and subject pronoun, insert *-t-* between the verb and the pronoun if the verb ends in a vowel:

*Où va-**t**-il ? Où s'arrête-**t**-il?*

Where is he going? Where is he stopping?

6 Complete the dialogue with questions i–vi from the box.

a ....

Je viens de la Martinique.

b ....

C'est une île dans les Caraïbes.

c ....

Je suis étudiante dans un collège mixte de Fort-de-France.

d ....

La capitale de la Martinique est située dans l'ouest de l'île.

e ....

Notre appartement est à côté de l'hôtel où travaillent mes parents.

f ....

Je voudrais aller à l'université en métropole, à Paris peut-être.

i	Où vas-tu au collège?
ii	Où est-ce que tu es née, Amélie?
iii	Et plus tard, où est-ce que tu voudrais étudier?
iv	Où se trouve la Martinique?
v	Et tu habites où?
vi	Fort-de-France, ça se trouve où?

7 No questions have been provided for the rest of the conversation in exercise 6. Write some in.

g ....

D'habitude, je vais en vacances chez ma grand-mère.

h ....

Ma grand-mère habite à Sainte-Anne, c'est une petite ville.

i ....

C'est dans le sud de l'île, sur la côte.

j Et finalement…

....

Après mes études, j'aimerais travailler en Europe.

8 Write out each question in the correct order.

a se/la/où/du/trouve/Cameroun/capitale?

....

b parle/français/est-ce qu'/où/on?

....

c trouve/européen/-t-/Parlement/où/le/on?

....

d où/les/viennent/maliens/d'/étudiants?

....

e tu/habiter/préfères-/où/exactement?

....

f est-ce que/la/où/plus/vie/est/excitante?

....

D Direct object pronouns

STUDENT BOOK **127**   GRAMMAR SECTION **234**

> The French direct object pronouns are:
>
> **me** me   **nous** us
>
> **te** you   **vous** you
>
> **le/la** him/her/it   **les** them
>
> In front of a vowel (or silent *h*) **me**, **te** become **m'**, **t'**, and **le**, **la** become **l'**.

9 Cross out the wrong pronoun then translate.

e.g. Je suis fatiguée, alors ma mère m'/~~l'~~ accompagne en voiture.

I am tired, so my mother gives me a lift.

a Tu prends le bus? Moi aussi je te/le prends!

....

b Vous avez des questions? Je m'/vous écoute.

....

c Nous aimons les pays chauds, nous l'/les préférons aux pays froids.

....

d Ma voisine? Je le/la vois tous les jours.

....

e Notre ville et notre quartier? On les/nous trouve agréables.

....

> French direct object pronouns are placed immediately before the verb, even when the verb is in the negative or in the interrogative form:
>
> *Vous **l'**aimez? Moi je ne **l'**aime pas.*
>
> Do you like it? I don't like it.

10 Unjumble sentences a–g to read the complete dialogue.

e.g. Monsieur Canap, vous aimez les pays étrangers?

Les pays étrangers? **a** *naturellement/adore/les/je.*

Naturellement, je les adore.

Vous connaissez mieux l'Europe, peut-être?

Oui, c'est exact: **b** *très/la/je/bien/connais.*

....

Et les pays asiatiques, ils vous intéressent?

En effet: **c** *beaucoup/m'/ils/intéressent.*

....

Vous connaissez la cuisine asiatique?

Bien sûr; **d** *délicieuse/la/trouve/je*

....

Vous aimez l'Afrique?

C'est un continent fantastique: **e** *le/tout/trouve/monde/le/fascinant.*

....

Et l'Amérique?

Formidable! J'adore le football américain: **f** *c'est/qui/sport/m'/un/beaucoup/impressionne.*

....

Donc, vous aimez voyager?

Pas du tout! **g** *tout/voyages/ne/les/m'/pas/intéressent/du.*

....

Mais, vous vous intéressez aux pays étrangers?

Justement! Je regarde tous les documentaires à la télé!

> In the perfect tense, the past participle of a verb that uses *avoir* as its auxiliary agrees in gender and in number with the direct object, when this direct object is placed **before the verb**.
>
> Direct object pronouns are always placed before the verb so, if one is used in your sentence, you need to be careful about the ending of the past participle:
>
> *Le Danemark? Je **l'**ai visité. La Chine? Je ne **l'**ai pas visitée.*
>
> *Les garçons? Elle **les** a vus. Les filles? Elle ne **les** a pas vues.*

11 Work out the gender and number of the direct object pronouns used and underline the correct ending of the past participle.

e.g. Maria a visité la ville de Vienne, en Autriche. Elle l'a bien aimé/<u>ée</u>/és/ées.

a Maria a vu la cathédrale gothique, elle l'a trouvé/ée/és/ées impressionnante.

b Elle aime les beaux tableaux de Klimt. Elle **les** a admiré/ée/és/ées au Belvédère.

c Elle a acheté des billets pour l'Opéra National. Elle **les** a payé/ée/és/ées très cher.

d Elle adore les belles valses de Strauss. Elle **les** a écouté/ée/és/ées avec plaisir.

e Elle s'est promenée le long du Danube, mais elle l'a trouvé/ée/és/ées sale!

f Elle est montée à la Grande Roue avec son amie Karla. Elles l'ont adoré/ée/és/ées.

> A direct object pronoun used with a perfect tense verb that is in the negative is placed immediately before the auxiliary:
>
> *Il est allé au château, mais il ne l'a pas visité.*

12 Transfer all answers below into the negative.

e.g. L'Italie? Nous la connaissons très bien. Nous l'avons visitée. → Nous ne la connaissons pas très bien. Nous ne l'avons pas visitée.

a La Grèce? Elle m'intéresse. Je l'ai étudiée à l'école.

....

b La Suède et la Finlande? Elles t'attirent. Tu les as explorées.

....

c L'Espagne? Elle les passionne. Ils l'ont beaucoup appréciée.

....

d Le Portugal? Je le connais bien. Je l'ai vu.

....

e Les Pays-Bas? Je les aime beaucoup. Je les ai trouvés différents.

....

> A direct object pronoun used with a verb in the immediate future is placed immediately before the infinitive, even if the verb is in the negative:
>
> *Je vais les acheter, mais je ne vais pas les manger.*

13 Transfer the following sentences into the immediate future.

e.g. Nous les voyons à la maison. → Nous **allons** les **voir** à la maison.

Vous ne la mangez pas. → Vous n'**allez** pas la **manger.**

a Vous les achetez ici.

....

b Elles le font facilement.

....

c Ils nous regardent tous.

....

d Je te vois au collège.

....

e Elle ne m'écoute pas.

....

f Nous ne la choisissons pas.

....

g Les enfants ne l'aiment pas.

....

h Je ne vous entends pas, désolé!

....

14 Answer the following questions following the model given in the example.

Est-ce que tu vois souvent **Marc**?

Je **l'**ai vu hier et je vais **le** voir demain.

a Est-ce que tu écoutes souvent **ton CD**?

Je .... hier et je .... demain.

b Est-ce que tu regardes toujours **la télévision**?

....

c Est-ce que tu appelles **tes copines** ce soir?

....

d Est-ce que vous prenez **le bus** quelquefois?

....

e Est-ce que vous voyez **vos amis** tous les jours?

....

f Est-ce que vous avez toujours **la pluie**?

....

☰ Negatives *ne…rien* and *ne…personne*

STUDENT BOOK **183** GRAMMAR SECTION **237**

> **Ne…rien** translates as 'nothing/not…anything'.
>
> **Ne…personne** translates as 'nobody/not…anybody'.
>
> **Ne** becomes **n'** in front of a vowel or a silent **h**.

15 Pair up sentences that complement each other. Write the correct letter from f–k next to the appropriate sentence a–e.

e.g. Il n'y a pas de magasins. …**h**…

a Ils ont fini tous les desserts.

b Je n'ai pas téléphoné à mes amis.

c La région n'est pas touristique.

d Mon quartier n'est pas bruyant.

e J'ai ma propre chambre

f Je n'ai appelé personne.

g Il n'y a rien à visiter.

h Je ne peux rien acheter. (*ex.*)

i Je ne partage avec personne.

j On ne peut rien manger.

k Il n'y a personne dans les rues.

On a separate sheet of paper, translate the paired sentences into English.

e.g. There are no shops. I cannot buy anything.

In the present tense, both *ne...rien* and *ne...personne* are placed around the verb:

Ici, on n'entend rien, et on ne voit personne.

In the perfect tense, *ne...rien* is placed around the auxiliary. When using *ne...personne*, place *ne* before the auxiliary and *personne* after the past participle:

Ici, on n'a rien entendu, et on n'a vu personne.

In the immediate future, *ne...rien* is placed around the *aller* part of the verb. When using *ne...personne*, place *ne* before the *aller* part, and *personne* after the infinitive:

Ici, on ne va rien entendre, et on ne va voir personne.

16 Unjumble the sentences below (**a** and **b** are in the present tense, **c** and **d** in the perfect tense, and **e** and **f** in the immediate future).

e.g. personne/connais/je/ce/ne/village/dans. →
Je ne connais personne dans ce village.

a il/rien/nous/pleut/ne/faisons/quand.

....

b ne/désert/voit/le/personne/dans/on.

....

c Danemark/n'/compris/au/elle/rien/a.

....

d nous/personne/au/n'/rencontré/avons/café.

....

e ne/photographier/rien/je/à/vais/Paris.

....

f trouver/ne/elle/salon/va/personne/le/dans.

....

17 Translate the following sentences into French.

a We don't like anything in this flat.

....

b They didn't do anything in Germany.

....

c My friend isn't going to visit anything in Rome.

....

d He doesn't know anybody abroad.

....

e She didn't listen to anyone in Madrid.

....

f Pablo isn't going to see anyone today.

....

F Prepositions

STUDENT BOOK **15** GRAMMAR SECTION **240**

To indicate where things are, you can use prepositions such as *sur* (on), *sous* (under), *entre* (between), *devant* (in front (of)), *derrière* (behind), *dans* or *en* (in):

Le chat est sous la table. The cat is under the table.

You can also use *à côté de* (next to); *à droite de* (to the right of); *à gauche de* (to the left of); *au-dessus de* (above, on top of); *au-dessous de* (underneath, below); *en face de* (opposite); *près de* (near); *loin de* (far from).

When using these prepositions, remember that *de* changes to *du* (instead of *de le*), *de la*, *de l'* (in front of a vowel/silent *h*) or *des* (instead of *de les*) according to the noun that follows:

à côté de la porte, en face du jardin, près de l'arbre, loin des fleurs

18 Use the drawing below to complete the texts with the appropriate prepositions.

Philippe partage sa chambre avec son frère Paul. Quand on entre **dans** (ex.) la chambre des garçons, on voit d'abord l'armoire, ... , puis deux lits jumeaux. Le lit de Philippe se trouve juste .... de l'armoire. Les garçons ont mis un poster d'un chanteur qu'ils aiment bien au mur, ... de leurs lits. Ils ont placé une table de chevet avec une lampe .... leurs deux lits.

| dans (ex.) | à côté | au-dessus |
| entre | à droite | |

.... la porte, les jumeaux ont des étagères pour leurs livres, leurs CD et leurs jeux. *............* des étagères il y a une table, et *............* cette table on trouve un ordinateur. La chambre est confortable. Malheureusement, c'est le désordre total! Les vêtements ne sont pas *............* l'armoire, ils sont par terre et sur les lits, et on voit même un ballon et un livre *............* , sur l'armoire!

> en haut   derrière   dans
> sur   au-dessous

G Possessive adjectives

STUDENT BOOK **55**   GRAMMAR SECTION **232**

French possessive adjectives are:

Singular		Plural	
Masc.	Fem.	Masc. and fem.	
mon	ma	mes	my
ton	ta	tes	your
son	sa	ses	his/her/its
notre		nos	our
votre		vos	your
leur		leurs	their

In French, the possessive adjective agrees in gender and in number with the noun that follows (the possession, *not* the possessor):
- The sentence *ma soeur a 6 ans* (my sister is 6 years old) could be used by both a male and a female person.
- *Ses parents* could translate as 'his parents' or 'her parents'.

19 Choose the correct possessive adjective to complete each sentence.

e.g. Je suis français, mais je vis à Londres avec ~~mon~~/**ma**/~~mes~~/famille.

a Mon/ma/mes parents y travaillent pour une société française.

b Nous habitons à Kensington. Notre/nos maison est grande.

c Mon/ma/mes sœurs et moi, nous allons au Lycée Français.

d Notre/nos voisins sont anglais; leur/leurs fille est à l'université.

e Moi j'aime bien notre/nos lycée. J'y ai beaucoup de copains.

f Mais certains de mon/ma/mes amis sont anglais, bien sûr.

g Et toi? Où habites-tu avec ton/ta/tes famille?

h Vous aimez votre/vos ville et votre/vos voisins?

> When the 'possession' is a feminine noun starting with a vowel or a silent h, **mon**, **ton**, **son** are used instead of **ma**, **ta**, **sa**: **ton** armoire (your wardrobe), **son** histoire (his or her story).

20 Translate into French. (Tunisian = *tunisien*)

a My friend Leila lives in Tunis with her parents.

....

b Her father is Tunisian and her mother is French.

....

c Her sister is younger but her brother is older.

....

d Their Tunisian grandparents speak French in their house.

....

e Leila and her family are coming to our country in August.

....

f They are going to meet our family and our French friends.

....

Unité 4 Bien manger pour être en forme

A *Avant de* + infinitive

> Use **avant de** plus an infinitive to convey the fact that someone does something before doing something else (i.e. the same person does both things).
>
> *Elle va déjeuner **avant de** sortir.*
>
> She is going to have lunch before she goes out/ before going out.
>
> *Ils ont lu **avant de** parler.*
>
> They read before they spoke/before speaking.

1 Make correct pairs by matching phrases i–vi to phrases a–e. Write i–vi in the appropriate place in phrases a–e.

e.g. Astérix prend de la potion magique ...**iii** ...

a Tintin cherche son petit chien blanc Milou (Snowy) ....

b Harry Potter habite chez son oncle et sa tante ....

c Le Bon Gros Géant (The BFG) mange un snozzcumber ....

d Shrek est tout seul ....

e Clark Kent met son costume rouge et bleu ....

i avant de devenir Superman.

ii avant de rencontrer la princesse Fiona.

iii avant d'attaquer les Romains avec Obélix. (*ex.*)

iv avant de partir pour une nouvelle aventure avec le capitaine Haddock.

v avant de boire du frobscottle.

vi avant d'aller à Hogwarts.

2 Rephrase the sentences following the pattern in the example. The verbs you need to transform are *-er* verbs.

Pour faire la pâte à crêpes…

e.g. Il prépare tous les ingrédients, puis il **commence**. → Il prépare tous les ingrédients **avant de** commencer.

a Il casse les œufs dans un bol, puis il **incorpore** la farine.

....

b Il met du sucre et une pincée de sel, et après il **mélange**.

....

c Il verse le lait, puis il **remue** avec la cuiller.

....

d Il ajoute du rhum, et après il **utilise** son mixer.

....

e Il bat le mélange au mixer, puis il **laisse** reposer la pâte.

....

Et voilà! La pâte est prête à utiliser!

> If the verb used after **avant de** is reflexive, the reflexive pronoun changes according to who is doing the actions:
>
> **Il** a regardé la télé avant de **se** coucher, mais moi **j'**ai lu avant de **me** coucher.
>
> **He** watched TV before **he** went to bed, but **I** read before **I** went to bed.

3 You had a busy morning! Use the *avant de* + infinitive construction to explain in which order you did things. Look at the times for clues.

J'ai bu mon café au lait à 6 h 15. (*ex.*)

Je me suis douché à 6 h 30.

Je me suis habillé à 7 h.

J'ai déjeuné à midi.

J'ai préparé le repas à 11 h.

J'ai fait les courses à 9 h 30.

Je me suis reposé jusqu'à 13 h!

e.g. J'ai bu mon café au lait **avant de me doucher**.

a Je me suis douché **avant de** ....

b ....

c ....

d ....

B Pronoun *en*

GRAMMAR SECTION 235

> The pronoun **en** ('some', 'any') is used to **replace words or phrases preceded by de** (or *du/de la, de l'*, *des*). **En** is invariable (i.e. never changes), whatever the gender or the number of the noun that it replaces.

4 Select the appropriate reply to each question.

e.g. Elle a de la marmelade? **ii**

a Tu fais du thé? ...

b Ils ont des biscuits? ...

c Vous prenez de la quiche? ...

d Elle boit du lait? ...

e Nous achetons des yaourts?...

f Vous vendez de l'ail? ...

g Tu mets de l'ognon? ...

h Elle a de la marmelade? (*ex.*)

i Elle en boit souvent.

ii Oui, elle en a. (*ex*)

iii Bien sûr, j'en vends.

iv Ils en ont encore.

v Oui, j'en fais, j'ai soif.

vi Oui, nous en prenons.

vii Vous en achetez pour moi.

viii Oui, j'en mets toujours

> Sometimes French uses **en** where no pronoun is required in English:
>
> *Est-ce qu'il y a du céleri dans la soupe? Non, il n'y en a pas.*
>
> Is there any celery in the soup? No, there isn't.

5 Answer the questions following the patterns shown in the example.

Dans la liste des ingrédients pour les loukoums, la délicieuse pâtisserie turque...

e.g. Est-ce qu'il y a du sucre? ✓ → **Oui, il y en a.**

Est-ce qu'il y a du lait? ✗ → **Non, il n'y en a pas.**

a Est-ce qu'il y a de l'eau? ✓ ....

b Et il y a des oeufs? ✗ ....

c Est-ce qu'il y a du sucre glace? ✓ ....

d Et de la farine? ✓ ....

e Est-ce qu'il y a du beurre? ✗ ....

f Il y a des amandes? ✓ ....

g Et enfin, il y a du colorant? ✓ ....

> **En** replaces a noun (or group of words) that has already been mentioned, to avoid repetition. Therefore, it is not necessary to keep that noun (or group of words) in your sentence:
>
> *Tu veux des frites aujourd'hui? Oui, j'**en** veux ~~des frites~~.*
>
> Do you want any chips? Yes, I want some/Yes, I do.
>
> *Il n'aime pas la marmelade. Il n'**en** mange pas ~~de la marmelade~~.*
>
> He doesn't like marmalade. He doesn't eat any.

6 In the following sentences, cross out the words that are no longer needed.

a Il y a de la salade pour le déjeuner; j'en mange toujours de la salade.

b Puis ma mère sert des petits pois; j'en prends aussi des petits pois.

c Claire adore le chocolat; j'en achète du chocolat pour son anniversaire.

d Moi j'aimerais du thé; elle en fait du thé juste pour moi.

e Après ça, je voudrais du gâteau; elle en apporte du gâteau tout de suite!

f Nous buvons du lait: nous en achetons du lait tous les jours.

> **En** is placed immediately before the verb in the present tense, and before the auxiliary in the perfect tense:
>
> *Du fromage? Oui, j'**en** mange beaucoup; j'**en** ai mangé ce soir.*
>
> Cheese? Yes, I eat a lot of it; I ate some this evening.

7 Answer the questions, following the patterns shown in the example.

e.g. Des pâtes? Je mange des pâtes régulièrement. J'ai mangé des pâtes hier!

Des pâtes? J'**en** mange régulièrement. J'**en** ai mangé hier!

a Les moules? Mon ami belge cuisine souvent des moules. Il a cuisiné des moules à midi.

....

....

b L'huile d'olive? À Chypre on consomme de l'huile d'olive. On a toujours consommé de l'huile d'olive.

....

....

c La sangria? On boit de la sangria en Espagne. Cet été, j'ai bu de la sangria tous les soirs.

....

....

d Le poisson? Les Danois mangent du poisson tous les jours. Ils ont toujours mangé du poisson.

....

....

e La minestra? À Malte on sert de la minestra en début de repas. J'ai fait de la minestra hier soir.

....

....

> When **en** is used with a verb in the immediate future, it is placed before the infinitive:
>
> *Elle adore les légumes. Elle va **en** cuisiner pour ce soir.*

8 Answer the questions following the pattern shown in the example.

Tu vas prendre **des épinards** à l'épicerie? (chez le marchand de légumes) →

Non, je vais **en** prendre chez le marchand de légumes.

a Tu vas prendre **du maïs** au marché? (à la ferme)

....

b Ils vont cueillir **des tomates** dans le champ? (dans la serre)

....

c Vous allez planter **de la salade** ici? (là-bas)

....

d Tu vas chercher **du thym** sur la plage? (à la campagne)

....

e Elle va cultiver **de l'ail** à l'ombre? (au soleil)

....

f Je vais trouver **de la menthe** sur la terrasse? (dans le jardin)

....

> When it is used with a verb in the negative, **en** is still placed immediately before the verb in the present tense, before the auxiliary in the perfect tense, and before the infinitive in the immediate future.

*Le café? Je n'**en** prends jamais. Je n'**en** ai pas bu ce matin. Et je ne vais pas **en** boire ce soir!*

9 Maggie is a vegetarian. Answer the questions appropriately, using *en* in your sentences. Pay attention to the tense used.

e.g. Est-ce que Maggie achète des saucisses? Non, elle n'**en** achète pas.

Est-ce qu'elle va acheter des courgettes? Oui, elle va **en** acheter.

a Est-ce que Maggie prend des artichauts? ....

....

b Elle va cuisiner du jambon? ....

c Est-ce qu'elle a pris des haricots? ....

....

d Elle a mangé du rôti de bœuf? ....

....

e Est-ce qu'elle veut du poulet grillé? ....

....

f Elle va préparer des carottes râpées? ....

....

It is important to use *en* when a number or a phrase expressing a quantity is used on its own after a verb. In English, a pronoun is not always used, but in French the pronoun *en* is required:

*Il a bu des jus de fruits? Oui, il **en** a bu deux.*

Did he drink any fruit juices? Yes, he drank two (of them).

*Tu as de l'eau? Oui, j'**en** ai beaucoup.*

Do you have any water? Yes, I have a lot (of it).

10 Answer the questions using the cues given in brackets. Pay attention to the verb tense.

e.g. Tu as goûté des plats chinois? (certains) →
J'**en** ai goûté **certains**.

a Tu veux de la pizza? (une) ....

....

b Elle boit du vin rouge? (un verre) ....

....

c Vous avez fait des desserts? (trois) ....

....

d Il a pris du fromage? (un peu) ....

....

e Tu vas essayer des recettes? (plusieurs) ....

....

f Ils vont acheter de la farine? (deux paquets) ....

....

11 Translate the sentences into French.

a I have two. ....

b There isn't any ....

c We have several ....

d I have eaten lots of it ....

e I don't want any ....

C Adverbs

Adverbs modify the meaning of other words, such as adjectives or verbs, but can also modify whole phrases or sentences.

Adverbs can be words or phrases, and they are invariable:

*L'enfant refuse **absolument** de boire son lait.*

The child **totally** refuses to drink his milk.

Here, ***absolument*** modifies the verb only.

***Tout à coup**, il s'est levé et a servi le vin.*

All of a sudden, he got up and served the wine.

Here, ***tout à coup*** modifies the whole sentence.

12 Match up the French adverbs to their English equivalent.

a slowly....................... **j** sometimes.................

b gradually .... **k** usually ....

c well.......................... **l** easily.........................

d often......................... **m** quickly......................

e fortunately................. **n** quietly........................

f pleasantly .... **o** too............................

g incredibly................... **p** currently....................

h at the same time........... **q** together....................

i badly......................... **r** soon..........................

i petit à petit	**vii** trop	**xiii** incroyablement
ii agréablement	**viii** bien	**xiv** bientôt
iii quelquefois	**ix** à la fois	**xv** actuellement
iv souvent	**x** d'habitude	**xvi** doucement
v mal	**xi** heureusement	**xvii** lentement
vi facilement	**xii** vite	**xviii** ensemble

13 Say the opposite by replacing the adverbs used with others from the box below the exercise.

e.g. Annie a été **désagréablement** surprise par la choucroute. → Annie a été **agréablement** surprise par la choucroute.

a Malheureusement, mon frère a mangé tous les escargots.

....

b J'ai brièvement étudié la recette de la moussaka.

....

c Nous avons lentement préparé une escalope viennoise.

....

d Ils ont mal digéré le gâteau à la crème.

....

e Les ingrédients de la paella sont peu couteux.

....

f Mon amie a enfin gouté la potée hollandaise.

....

g Le nougat maltais est horriblement parfumé.

....

h Ce capuccino est insuffisamment sucré.

....

```
assez            bien          heureusement
agréablement (ex.)  déjà        délicieusement
très             longuement    vite
```

D Direct object pronouns with imperative

GRAMMAR SECTION
235

> A direct object pronoun used with a verb in the imperative is placed **after** the verb if the verb is in the **affirmative**.
>
> *Prends cette pomme, et **mange-la**!*
>
> Take this apple and **eat it**!

14 Find in the box a suitable suggestion to follow each sentence.

e.g. Nous t'avons acheté une glace. **ii**

a Je t'ai servi un verre de lait froid. ....

b Ta mère t'a préparé un sandwich. ....

c Il t'a offert une boite de chocolats. ....

d Voilà des bonbons pour les enfants. ....

e Il y a juste un peu de fromage. ....

f La confiture est délicieuse. ....

g Il y a encore du champagne. ....

```
 i Bois-le!              v Goute-la!
ii Mange-la! (ex.)      vi Finis-le!
iii Ouvre-la!          vii Mange-le!
iv Distribuez-les!    viii Servez-le aux invités!
```

> The direct object pronoun is placed **before** the verb if the verb is in the **negative**.
>
> *Cueille les fraises, mais **ne les mange pas**!*
>
> Pick the strawberries, but **do not eat them**!

15 Match up concerns and advice. Some are in the affirmative and some in the negative.

e.g. On donne des conseils de préparation. **Lisez-les!**

a La date limite de consommation est importante. ....

b La couleur de la boite? Pas importante. ....

c Quels sont les ingrédients utilisés? ....

```
Ne la regardez pas!        Vérifiez-la!
Lisez-les! (ex.)           Vérifiez-les!
```

d Les publicités flattent le produit? ....

e Est-ce qu'il y a un symbole-recyclage? ....

f Les prix sont-ils raisonnables? ....

g Vous avez des doutes sur le produit? ....

```
Comparez-les!              Ne l'achetez pas!
Ne les écoutez pas!        Cherchez-le!
```

16 Sahar is a tennis player. Answer her questions about diet and lifestyle, by copying the appropriate piece of advice from those listed in i–viii.

e.g. Je peux **manger** ce gros gâteau à la crème?

  i Ne le mange pas, c'est préférable.

    Je dois **boire** ce verre d'eau?

  iv Bois-le, c'est indispensable.

a Je peux manger ces pâtes?

....

b Je dois boire une boisson énergisante?

....

c Je dois faire un régime super strict?

....

d Je peux regarder un film à minuit?

....

e Je peux boire le jus d'orange?

....

f Je peux prendre mes vacances avant la finale?

....

> **i** Ne le mange pas, c'est préférable. (*ex.*)
>
> **ii** Prends-les après, pour te reposer.
>
> **iii** Bois-le. Tu as besoin de vitamine C.
>
> **iv** Bois-le, c'est indispensable. (*ex.*)
>
> **v** Mange-les deux heures avant ton match.
>
> **vi** Regarde-le dans la journée.
>
> **vii** Ne la bois pas. Il y a de la caféine.
>
> **viii** Ne le fais pas. Ce n'est pas nécessaire.

E *Combien? Combien de temps?*

STUDENT BOOK **117** · GRAMMAR SECTION **237**

> Use ***combien?*** to ask both '**how much?**' and '**how many?**'. ***Combien?*** can be used on its own, or followed by the preposition *de* + noun or phrase:
>
> *Ça coute **combien?***
>
> **How much** does it cost?
>
> *Il a **combien d'***argent?
>
> **How much** money does he have?
>
> ***Combien de** sœurs as-tu?*
>
> **How many** sisters do you have?
>
> Use ***combien de temps?*** to ask '**how long?**'
>
> *Tu mets **combien de temps**, à vélo?*
>
> **How long** does it take you, on your bike?

17 Find the correct question in the box.

e.g. **ii** Il faut cinq heures.

a .... Je vais rester dans trois hôtels.

b .... Je vais rester à l'hôtel deux nuits.

c .... Il faut une heure au four.

d .... Il faut faire une entrée et un dessert.

e .... Il faut cinq minutes!

f .... Il faut faire trois tasses de café.

> **i** Combien de café doit-il faire?
>
> **ii** Il faut combien de temps pour aller à Paris? (*ex.*)
>
> **iii** Il faut combien de temps pour faire le café?
>
> **iv** Combien de temps vas-tu rester à l'hôtel?
>
> **v** Tu vas rester dans combien d'hôtels?
>
> **vi** Il faut combien de temps pour faire ce dessert?
>
> **vii** Il faut faire combien de plats différents?

18 Fill in the gaps with *combien?/combien de?/combien de temps?* as appropriate.

e.g. Tu mesures **combien**? Un mètre soixante.

a Vous restez ici ....? Dix jours.

b Elle a acheté .... kilos de bananes? Deux.

c Tu demandes ....? Vingt euros.

d Vous allez voir .... films? Un seul.

e .... va-t-il rester à Dakar? Un mois.

f Il faut .... pour faire ce gâteau? Cinquante minutes.

g Je dois acheter des baguettes? ....? Prends-en trois.

h .... éléphants y a-t-il au zoo? J'en ai vu trois.

F Negative *ne...que*

GRAMMAR SECTION **238**

> ***Ne...que*** is equivalent to *seulement*, both of which translate as 'only'. In the present tense, ***ne* is placed before the verb**; *que* is always placed **before the word or phrase on which it places a restriction**:
>
> *Elle **n**'a faim **que** le soir. Moi, je **n**'ai faim **que** lorsque je cuisine.*
>
> She is hungry *in the evening* **only**. I am hungry **only** *when I cook*.

19 Replace seulement with *ne...que*.

e.g. Elle a **seulement** un sandwich. →
Elle **n**'a **qu**'un sandwich.

a Louis connait seulement des recettes portugaises.

....

b Mes amis grecs apportent seulement de la feta.

....

c Tu bois seulement de l'eau, pas de bière.

....

d Je mange du poisson seulement quand il est grillé.

....

e Tu aimes seulement le pain français?

....

f En Suisse, ils mangent seulement de la fondue au fromage.

....

g Il choisit le vin seulement quand il va au restaurant.

....

20 Introduce *ne…que* into the following sentences to convey the meaning given in English.

e.g. Il boit du thé vert en été.

He drinks **only green tea** in the summer. →

Il **ne** boit **que du thé vert** en été.

He drinks green tea **only in the summer**. →

Il **ne** boit du thé vert **qu'**en été.

a Elle aime les montagnes quand il neige.

She likes the mountains **only when it snows**.

....

b Nous voulons des frites pour le déjeuner.

We want **only chips** for lunch.

....

c Akheem va à l'école six mois par an.

Akheem attends school **only six months per year**.

....

d Tu lis un magazine de sport les dimanches.

You read **only a sports magazine** on Sundays.

....

e Amir écrit à sa mère pour le nouvel an.

Amir writes to his mother **only for the New Year**.

....

> ### Ne…que with the perfect tense
>
> In the perfect tense, *ne* is placed before the auxiliary. Whichever tense is used, *que* is always placed before the word or group of words on which it places a restriction.

21 Unjumble the following sentences. All sentences are in the perfect tense. The restriction needs to be made on the word(s) in bold.

Nadia/mangé/**du**/a/que/n'/**méchoui**. →
Nadia n'a mangé que **du méchoui**.

a Ilona/qu'/habité/n'/**à**/**Corfou**/a

....

b Conchita/préparé/**une**/a/n'/**paella**/qu'

....

c Ma/est/qu'/polonaise/**Paris**/copine/allée/n'/**à**

....

d Alessia/envoyé/n'/qu'/**lettre**/a/**une**/de/Malte

....

e Nous/cuisiné/que/avons/**plats étrangers**/n'/**des**

....

22 To find out what these people are going to do in the places mentioned, unjumble the sentences, which are in the immediate future. Follow the pattern shown.

e.g. Djibril/que/**médina**/visiter/va/ne/**la**

À Casablanca, ...

À Casablanca, Djibril ne va visiter que la médina.

a ils/visiter/**musée d'Art Islamique**/ne/que/vont/**le**

À Doha, ...

....

b allons/que/**Parlement européen**/nous/voir/**le**/n'

À Strasbourg, ...

....

c **Pyramides**/je/photographier/ne/que/vais/**les**

En Égypte, ...

....

d aller/ne/vas/**Sagrada Familia**/**la**/tu/qu'/à

À Barcelone, ...

....

e elles/qu'/s'arrêter/vont/**Dakar**/ne/**à**

Au Sénégal, ...

....

23 Translate the sentences below, using *ne…que*.

a We only have two apples.

....

b I cook only at the weekend.

....

c She drinks only orange juice.

....

d She has eaten only one sandwich.

....

e We are going to take only vegetables.

....

Unité 5 On sort

A Reciprocal verbs

GRAMMAR SECTION 246

> Reciprocal verbs, such as *s'aimer* (to love each other), *se détester* (to hate each other), *s'embrasser* (to kiss each other), *se disputer* (to argue with each other), *se parler* (to talk to each other), *se quitter* (to leave one another), *se retrouver* (to meet each other), *se voir* (to see each other) and *se téléphoner* (to telephone each other), are formed in the same way as reflexive verbs.
>
> *Nous nous parlons.* We talk to each other.
>
> *Elles se sont vues.* They saw each other.

1 Unjumble the following sentences. Give their meaning in English.

e.g. se/ils/vus/sont. → **Ils se sont vus.** They saw each other.

a nous/au/nous/sommes/rencontrés/café.

....

....

b êtes/vous/disputés/vous/jours/les/tous.

....

....

c se/aimés/ils/toute/sont/vie/leur.

....

....

d dès/nous/nous/détestés/sommes/début/le.

....

....

e en/elles/parlent/se/classe.

....

....

f se/ne/elles/quittées/sont/pas.

....

....

g vous/regardés/vous/sans/êtes/parler.

....

....

h on/au/retrouve/se/cinéma?

....

....

i téléphonent/jours/ils/se/les/tous.

....

....

j la/fin/à/film/du/les/stars/s'embrassent.

....

....

2 Translate into French.

e.g. We meet each other each day at 5 o'clock. → **Nous nous rencontrons chaque jour à cinq heures.**

a They (m) argue with each other every day.

....

b They (f) talk to each other during the film.

....

c We (m) love each other.

....

d You (pl) telephone each other regularly.

....

e We (f) met each other at the cafe.

....

B À quelle heure? Quand?

STUDENT BOOK 33 GRAMMAR SECTION 236

> To ask 'At what time…?' and 'When…?' use **À quelle heure…?** and **Quand…?**

3 Turn each statement into two questions, one using *à quelle heure?* and one using *quand?* Use inversion for one question and *est-ce que…?* for the other.

e.g. Tu vas au cinéma. → **À quelle heure est-ce que tu vas au cinéma? Quand vas-tu au cinéma?** *or* **Quand est-ce que tu vas au cinéma? À quelle heure vas-tu au cinéma?**

a Il arrive au club.

....

....

b Elle est allée à la piscine.

....

....

c Nous allons au café.

....

....

d Vous partez.

....

....

e Tu as regardé le film.

....

....

f Il y a des séances.

....

....

g Elles finissent.

....

....

h On va regarder le film.

....

....

i Ils vont finir le concert.

....

....

j Elle est sortie.

....

....

4 Unjumble the following sentences and translate them.

e.g. est/au/il/arrivé/quelle/cinéma/à/heure? →

À quelle heure est-il arrivé au cinéma? At what time did he arrive at the cinema?

e.g. quand/vont/filles/les/est-ce/au/parc/que/visiter? →

Quand est-ce que les filles vont visiter le parc? When are the girls going to visit the park?

a est-ce/quand/tu/partir/que/vas?

....

....

b heure/vous/à/quelle/arrivez-/au/club?

....

....

c va/à/qu'il/quelle/sortir/heure/est-ce?

....

d tu/quand/partie/es-?

....

e quand/est-ce/sort/qu'/il?

....

f concert/le/à/heure/commence/quelle?

....

g quand/le/que/tournoi/est-ce/fini/a?

....

h vas-/quand/finir/tu?

....

i à/ils/heure/sont/quelle/partis/est-ce/qu'?

....

....

j -t-/elle/à/heure/va/quelle/repartir?

....

....

STUDENT BOOK 67

C *Jouer de* and *jouer à*

Jouer (to play) is followed by *de* when talking about a musical instrument and by *à* when talking about a sport or a game.

> Je *joue de* la flute. I play the flute.

> Il *joue à* la pétanque. He plays petanque.

If the noun following *de* is masculine (e.g. *le* piano), *de* + *le* = *du*:

> Il *joue du* piano.

If the noun following *de* is plural (e.g. *les* cymbales), *de* + *les* = *des*:

> Il *joue des* cymbales.

If the noun following *à* is masculine (e.g. *le* tennis), *à* + *le* = *au*:

> Il *joue au* tennis.

If the noun following *à* is plural (e.g. *les* échecs), *à* + *les* = *aux*:

> Il *joue aux* échecs.

5 Complete the gaps with the correct form of either *de* (*du/ de la/de l'/des*) or *à* (*au/à la/à l'/aux*).

a Nous jouons .... tennis tous les jours.

b Elles jouent .... batterie le samedi.

c Vous jouez .... piano depuis un an.

d Je joue .... clarinette dans un orchestre.

e Il joue .... football dans une équipe.

f Ils jouent .... golf au club.

g Tu joues .... la guitare avec tes copains.

h On joue .... badminton en hiver.

i Elle joue .... synthétiseur dans un groupe.

j Elles jouent .... cricket pour leur collège.

D Negative *ne...plus*

STUDENT BOOK **95** GRAMMAR SECTION **237**

> The negative *ne...plus* means **no more** or **no longer**. With the present tense *ne* goes in front of the verb and *plus* after the verb.
>
> Je *ne* vais *plus* au cinéma.
>
> In the perfect tense, *ne* goes in front of the auxiliary verb (part of *avoir* or *être*) and *plus* goes after the auxiliary:
>
> Elle *n'*est *plus* retournée au club.
>
> Remember that *des* becomes *de* after a negative and that *un/une* also change to *de*:
>
> Je mange *des* bananes.
>
> Je ne mange plus *de* bananes.

6 Rewrite the following, by putting *ne...plus* in the correct place. Translate each sentence into English.

e.g. Je regarde des films d'horreur. → **Je ne regarde plus de films d'horreur.** I no longer watch horror films.

a Ils envoient des textos.

....

....

b Vous utilisez votre portable chaque jour.

....

....

c On écrit des méls.

....

....

d Il y a une séance à 6 heures.

....

....

e Vous faites la fête en aout.

....

....

f Ils ont célébré la fête nationale.

....

....

g J'ai utilisé mon portable.

....

....

h Elle est sortie le dimanche.

....

....

i Tu as vu des films romantiques.

....

....

7 Translate the following into French.

e.g. She doesn't want to sing any more. → **Elle ne veut plus chanter**.

a I don't want to go out with Paul any more.

....

b He no longer watches westerns.

....

c She no longer listens to Robbie Williams.

....

d We do not have any more invitations.

....

e There isn't any more time.

....

f We no longer go to the concert.

....

g She no longer visited her friends.

....

h They (m) didn't see the actor any more.

....

i I (m) didn't go to the cinema with my family any more.

....

E Superlative

> The superlative is used to say that something is, for example, **the best**, **the most difficult**, **the smallest** or **the least interesting**. Use *le*, *la* or *les* with *plus* or *moins* as appropriate and the correct form of the adjective.
>
> If an adjective normally goes in front of the noun, the superlative also goes in front of the noun, e.g. *la plus jolie* fille (the prettiest girl) .
>
> If the adjective normally goes after the noun, the superlative also goes after the noun, e.g. *le film* **le plus intéressant** (the most interesting film). In this case, the definite article appears both before the noun and before *plus* or *moins*.
>
> The superlative is followed by *de* where English uses *in*, e.g. *le plus grand magasin* **de** *Paris* (the largest shop **in** Paris).
>
> Two exceptions are:
>
> *le/la/les meilleur(e)(s)* the best
>
> *le/la/les pire(s)* the worst

8 Unjumble the following sentences.

e.g. haut le la plus Montparnasse monument c'est tour.
→ **Le plus haut monument, c'est la tour Montparnasse.**

a mot plus le long le c'est anticonstitutionnellement.

....

b Paris plus grande c'est la ville.

....

c plus ville c'est la petite Albertville.

....

d plage jolie plus c'est la Argelès.

....

e monument plus la tour le le fréquenté c'est Eiffel.

....

9 Translate into French.

e.g. The smallest girl is very intelligent. →
La plus petite fille est très intelligente.

a the prettiest girl

....

b the oldest town

....

c the best actor

....

d the funniest book

....

e the least expensive car

....

f The richest man in Africa is a quiet man.

....

g The tallest building in the world is the Burj Dubai.

....

h The silliest person is very rich.

....

i The least expensive book is the most modern.

....

j The youngest boy is also the least shy.

....

F Imperfect tense

> The imperfect tense is used to describe:
> ● what **used to** happen
> ● what someone **was doing**
> ● what things **were like**
>
> To form the imperfect tense, remove the *-ons* from the *nous* part of the present tense and add the following endings:
>
> *je -ais, tu -ais, il/elle/on -ait,*
> *nous -ions, vous -iez, ils/elles -aient*
>
> Remember that the imperfect of *être* is *j'étais*.

10 Rewrite the following with the correct ending of the imperfect tense. Match the French words to a possible translation from the suggestions in the box.

e.g. Nous dans… . → Nous dans**ions**. We were dancing.

a Vous mang.........................

b Ils fin ....

c Je vend.........................

d Tu te lev ....

e Il all ....

f Elles aim.........................

g Je part.........................

h Nous envoy ....

i Elle habit ....

j On s'amus.........................

k Elle achet ....

l Nous ven ....

m Tu buv ....

n Nous jou..

o Ils se couch..

p Vous vous habill..

q Elle pren..

r On fais..

s Elles se maquill..

t Nous ét..

they were going to bed	she was living
you were eating	we used to have fun
we were	she was buying
I used to sell	we were coming
you were getting up	you were drinking
he used to go	we used to play
they used to like	they were finishing
I was leaving	she used to take
you were getting dressed	we used to do
we used to send	they were putting on their make-up

11 Put the verbs into the imperfect tense. Add a detail to each sentence.

e.g. Nous (*faire*) → **Nous *faisions* une promenade.**

a Tu (*aller*) ....

b Vous (*se lever*)..

c Elle (*habiter*) ....

d Nous (*jouer*) ....

e Elles (*aimer*)..

f Je (*retourner*) ....

g Il (*partir*) ....

h Tu (*sortir*) ....

i On (*regarder*)..

j Ils (*se promener*) ....

12 Translate the sentences into French.

e.g. Ten years ago, I was in France. → **Il y a dix ans, j'étais en France.**

a When I was 16, I used to wear jeans.

....

b He used to play the guitar.

....

c I used to have long hair.

....

d When I was younger, I used to swim every day.

....

e Two years ago, I was living in France.

....

f Each day, they (m) used to go to the cinema.

....

g We did not use to eat a lot of fast food.

....

h He used to watch romantic films.

....

i They (f) used to get up early.

....

j You (pl) were not at the cafe at 6 o'clock.

....

Perfect or imperfect?

It is not always easy to know whether you need the perfect tense or the imperfect tense. As a general rule, use the imperfect to say what used to happen, what was happening or to describe; use the perfect to describe an action that took place once, usually at a specific time.

13 Cross out the verb that is incorrect.

Quand j'étais/j'ai été plus jeune, j'habitais/j'ai habité au bord de la mer. Chaque vendredi, mes frères et moi, nous allions/sommes allés à la plage où nous faisions/avons fait de la natation ou bien nous jouions/avons joué au volley avec des copains.

Chaque samedi, en été, mes cousins venaient/sont venus passer le weekend chez nous. Un jour, mon cousin Pierre, qui était/a été très grand, et qui avait/a eu les cheveux blonds, voyait/a vu une jeune fille qui était/a été très jolie. Il décidait/a décidé d'inviter la fille au cinéma avec nous. Malheureusement elle rigolait/a rigolé, et elle ne disait rien/elle n'a rien dit. Pierre était/a été un peu déçu. Le lendemain, quand il revoyait/a revu la fille à la plage, il décidait de l'inviter/il a décidé de l'inviter à un concert. Elle souriait/a souri et, comme le premier jour, elle ne répondait pas/n'a pas répondu. Soudain nous voyions/nous avons vu que le père de cette fille s'approchait/s'est approché. Il expliquait/a expliqué en français, mais avec un accent italien, que sa fille ne parlait pas/n'a pas parlé français parce qu'elle était/a été italienne. Pierre allait/est allé tout de suite à la librairie où il achetait/a acheté un dictionnaire italien. Le lendemain, nous allions/sommes allés à la plage mais la jolie italienne n'était plus là/n'a pas été là.

14 Translate into French.

e.g. While the boys were playing, we (m) went out. →

Pendant que les garçons jouaient, nous sommes sortis.

a When the film finished, we were crying.

....

b She entered the room when the phone was ringing.

....

c I was listening to the radio when he arrived.

....

d You (s) opened the letter while I was watching television.

....

e He ate his dinner while they (f) were talking.

....

f We were playing tennis when our parents arrived.

....

g They (m) opened the door while she was singing.

....

h You (pl) were sleeping when he got up.

....

i When I (f) went out the sun was shining.

....

j She left while he was washing.

....

Unité 6 On prépare les vacances

GRAMMAR SECTION **238**

A Negative *ne...nulle part*

> ***Ne...nulle part*** translates as **nowhere** or **not anywhere**.
>
> *Elle **ne** va **nulle part**.* She goes **nowhere**.

1 Complete the sentences using *ne...nulle part*. Follow the pattern shown in the example.

e.g. Marion **va** à Dubai; par contre, ses frères… →

Marion **va** à Dubai; par contre, ses frères **ne vont nulle part**.

a Lydia **va** en Guadeloupe; par contre ses amis ....

b Karim **se promène** dans le parc, mais Frank ....

c Théo et Éric **partent** à Moscou, mais je ....

d Ce soir, Alou **joue** à Marseille; par contre Rafael ....

e Les musiciens **sont** ici, mais le chef d'orchestre ....

f Le bus **s'arrête** dans tous les villages, mais le train ....

> In the perfect tense, the second part of the negative (*nulle part*) is placed **after the past participle**:
>
> *Elle **n'** est allée **nulle part**.*
> She did**n't** go **anywhere**.
>
> In the immediate future, *nulle part* is placed **after the infinitive**:
>
> *Elle **ne** va aller **nulle part**.*
> She is **not** going to go **anywhere**.

2 Unjumble the sentences, all of which contain *ne...nulle part*. Two are in the present, two in the perfect tense and two in the immediate future.

e.g. part/Johan/ne/se/va/nulle/cacher. → **Johan ne va se cacher nulle part.**

a frère/mon/nulle/parti/est/n'/part

....

b équipe/nulle/joue/notre/ne/part

....

c le/part/n'/chat/nulle/est/petit

....

d ne/s'/Jacques/va/part/arrêter/nulle

....

e mon/voyagé/n'/nulle/père/a/part

....

f je/m'/nulle/ne/assoir/vais/part

....

STUDENT BOOK **185** GRAMMAR SECTION **238**

B Negative *ne...ni...ni*

> ***Ne...ni...ni*** translates as **neither...nor**. *Ne* is always placed before the verb or the auxiliary, *ni...ni* are placed before the words that are to be negated.
>
> *Je **ne** mange **ni** poires **ni** prunes.*
>
> I eat **neither** pears **nor** plums.
>
> *Elle **n'**a habité **ni** à Rome **ni** à Naples.*
>
> She lived **neither** in Rome **nor** in Naples.

3 Translate the following into French.

a This town is neither old nor famous.

....

b Dublin is neither in France nor in Spain.

....

c Abdel likes neither Madrid nor Berlin.

....

d Alessia stayed neither in Greece nor in Italy.

....

e This monument is neither a church nor a temple.

....

f Toby went neither to Africa nor to America.

....

4 Unjumble the sentences, which use a variety of verb tenses.

e.g. Amsterdam/ni/Londres/Pierre/ni/connait/ne →

Pierre ne connait ni Amsterdam ni Londres.

a Julie/ni/Rome/a/ni/visité/n'/Naples

....

b ni/Paolo/je/ni/n'/vu/Elena/ai

....

c n'/train/voyagé/ni/en/en/ni/nous/avion/avons

....

d elles/avaient/ni/n'/climatisation/wi-fi/ni

....

e la/parlait/ni/réceptionniste/ne/anglais/ni/espagnol

....

f n'/ni/ni/nous/gite/hôtel/louer/allons

....

C Future tense: regular verbs

STUDENT BOOK **71**   GRAMMAR SECTION **242**

In French, to say that something **will happen**, you can use the *futur simple*, which is formed by **adding these endings to the infinitive:**

je -ai, tu -as, il/elle/on -a, nous -ons, vous -ez, ils/elles -ont

*Je manger**ai**.* I will be eating./I will eat.

*Nous finir**ons**.* We will be finishing./We will finish.

Note that *-re* verbs lose the *-e* of the infinitive before the future tense endings are added:

Elle prendra. She will take.

5 Change the form of the verb.

e.g. Nous dînerons. → tu. **Tu dîneras.**

Elle ne descendra pas. → ils. **Ils ne descendront pas.**

a Je me laverai. → tu ....

b Il ne tombera pas. → nous ....

c Ils vendront. → vous ....

d Vous finirez. → il ....

e Vous porterez. → tu ....

f Elles rouleront. → je ....

g Nous réussirons. → elle ....

h Je n'attendrai pas. → nous ....

i Elle se lèvera. → ils ....

6 Complete the sentences by putting the verbs in brackets in the correct form of the future tense.

e.g. Ma mère .... (*travailler*) demain. →

Ma mère **travaillera** demain.

a Jean et Damien .... (*voyager*) en autocar, et Lucie .... (*partir*) en train.

b Nous .... (*prendre*) le gâteau, et nous .... (*manger*) les fruits.

c Est-ce que tu .... (*jouer*) au basket? Et vous, vous .... (*participer*) aux jeux?

d J' .... (*attendre*) Lucie, et je .... (*choisir*) les boissons.

e Mon frère .... (*s'amuser*) avec ses copains, et moi, je .... (*se reposer*).

7 Now put the completed sentences from 6a–e above into the negative.

e.g. Ma mère **ne** travaillera **pas** demain.

a ....

....

b ....

....

c ....

....

d ....

....

e ....

....

8 Give the French for the following verbs.

e.g. We will arrive. → **Nous arriverons.**

a You (s) will hear....................................

b We will be working....................................

c She will sleep....................................

d You (pl) will not drink....................................

e I will not choose....................................

f She will succeed....................................

g They (m) will be getting up....................................

h We will not write....................................

D Future tense: irregular verbs

STUDENT BOOK **89** GRAMMAR SECTION **242**

> A number of verbs are **irregular** in the future tense. They use the same endings as regular verbs but these are added to an irregular stem instead of being added to the infinitive:
>
> *être*: *je* **ser**ai (I will be)
>
> *avoir*: *tu* **aur**as (you will have)
>
> *faire*: *il* **fer**a (he will do)
>
> *aller*: *nous* **ir**ons (we will go)

9 Give the full meaning in English of each verb in bold. Find its infinitive in the box. All these verbs are irregular in the future tense.

e.g. Aujourd'hui il fait soleil, mais demain il **pleuvra**, malheureusement! → It will rain. *pleuvoir*

savoir	avoir	vouloir
pleuvoir (ex.)	devoir	falloir
venir	appeler	s'assoir
pouvoir	voir	faire
être	aller	envoyer
recevoir	acheter	

a Avec l'argent qu'elle **recevra**, Myriam **achètera** des CD.

....

b Nous n'**irons** pas au café, parce que nous **serons** trop fatigués.

....

c Vous **verrez** Aïcha ce soir, mais vous ne **pourrez** pas lui parler.

....

d Est-ce que tu **viendras** à la fête avec nous? Il y **aura** un bon concert!

....

e Si c'est trop difficile, nous ne **saurons** pas répondre, et nous **devrons** repasser l'examen.

....

f Ils ne **voudront** pas aller se promener, donc **il faudra** rester à la maison.

....

g Nous **nous assiérons** dans le bureau et nous **ferons** les devoirs.

....

h Promets-moi que tu m'**appelleras** pour me raconter tes vacances et que tu m'**enverras** des photos!

....

10 Answer the questions in the future tense following the pattern shown in the example.

e.g. Est-ce que tu **fais** des courses, aujourd'hui? (demain)

Non, je **ferai** des courses demain.

a Est-ce que vous **allez** en ville, ce soir? (samedi)

....

b Est-ce que tu **es** prêt? (dans 5 minutes)

....

c Tu **dois** sortir, cet après-midi? (demain matin)

....

d Est-ce que tes copains **veulent** manger, maintenant? (tout à l'heure)

....

e Nous **savons** où aller? (demain)

....

f Il **vient** avec nous aujourd'hui? (ce weekend)

....

g Est-ce qu'il **faut** préparer le repas maintenant? (dans une heure)

....

h Est-ce qu'il y **a** beaucoup de touristes, en ce moment? (cet été)

....

E Future tense after *quand*

STUDENT BOOK **189** GRAMMAR SECTION **243**

> In French, when the verb that follows *quand* refers to the future, the future tense needs to be used (whereas in English the verb following 'when' remains in the present tense):

> *Nous mangerons quand il **arrivera**.*
>
> We will eat when he **arrives**.
>
> The same rule applies after *lorsque* (when), and *aussitôt que/dès que* (as soon as):
>
> *Tu t'assiéras lorsque tu **seras** fatigué.*
>
> You will sit down when you **are** tired.

11 Complete the sentences with the appropriate phrase from the box, in the future tense.

e.g. Nous prendrons le train quand… → Nous prendrons le train quand **la voiture sera en panne**.

> | | |
> |---|---|
> | la voiture être en panne (*ex.*) | parler chinois |
> | me sentir fatiguée | aller en France |
> | faire froid | être finies |
> | voir son ami | faire du sport |
> | avoir de l'argent | |

a Nous louerons un gite lorsque nous...........................

b Quand tu..........................., ils ne comprendront pas.

c Il sera content lorsqu'il.......................................

d Lorsque je....................................., je me reposerai.

e Dès qu'il........................., je mettrai un pull en laine.

f Quand il..................................., il aura mal au dos.

g Quand les vacances..................., nous irons au collège.

h Lorsque nous..........................., nous irons à Madrid.

STUDENT BOOK **121** GRAMMAR SECTION **236**

F Questions with *quel* and *lequel*

> *Quel?* translates as 'which?' and *lequel?* as 'which one?'.
>
> *Quel* is an adjective, and agrees with the noun with which it is used. *Quel* has four possible forms: *quel?* (m s), *quelle?* (f s), *quels?* (m pl), *quelles?* (f pl):
>
> *Quel hôtel et quelle auberge préfères-tu?*
>
> **Which** hotel and **which** inn do you prefer?
>
> *Quels pays et quelles régions connaissez-vous?*
>
> **Which** countries and **which** regions do you know?

12 Complete the following with the correct form of *quel?*

e.g. .... village est le plus beau? →
Quel village est le plus beau?

a .... ville est la plus grande?

b Tu as vu .... monuments anciens?

c ....camping est le moins cher?

d Elle a vu .... musées parisiens?

e .... activités étaient gratuites?

f .... excursion recommandez-vous?

g .... plages sont désertes?

> *Lequel* is a pronoun and agrees with the noun that it replaces. *Lequel* also has four possible forms: *lequel?* (m s), *laquelle?* (f s), *lesquels?* (m pl), *lesquelles?* (f pl):
>
> *Il y a deux châteaux. **Lequel** visites-tu?*
>
> There are two castles. **Which one** are you visiting?
>
> *Voici des brochures. **Lesquelles** voulez-vous?*
>
> Here are some brochures. **Which ones** do you want?

13 Cross out the incorrect form of *lequel*.

e.g. Ces hôtels sont luxueux; lequel/~~laquelle~~ est le moins cher?

a Il y a deux églises. Laquelle/lesquelles est plus belle?

b J'ai acheté ces jolis souvenirs. Lequel/laquelle veux-tu?

c Il a choisi ces cartes postales. Lequel/laquelle préfères-tu?

d De tous les monuments, lesquels/lesquelles sont les plus beaux?

e Lequel/lesquels de ces hôtels est plus proche du centre?

f Lequel/laquelle de ces trains passe près du lac?

g Laquelle/lesquels de ces visites guidées t'intéresse?

h Regarde les menus. Lequel/lesquels est le meilleur?

Unité 7 On arrive en France!

STUDENT BOOK **183** GRAMMAR SECTION **237**

A Revision of negatives

1 Find the equivalent French negative in the box.

> | | | |
> |---|---|---|
> | ne...personne | ne...pas | ne...jamais |
> | ne...rien (*ex.*) | ne...plus | ne...ni...ni |
> | ne...que | ne...nulle part | |

e.g. nothing → **ne...rien**

a never..

b no one...

c nowhere ....

d not ....

e no more/no longer ....

f neither…nor ....

g only ....

2 Tick the sentence that has an equivalent or similar meaning or that is more compatible.

e.g. Grand-père n'est plus jeune.

   i Grand-père a 90 ans maintenant. ✓

   ii Grand-père est moins âgé que moi.

a Il n'y a plus d'épicerie.
  i L'épicerie ferme à 18 heures.
  ii Le dernier magasin du village a fermé.

b Il n'est jamais allé à Paris.
  i Il ne connait pas Paris.
  ii Il voudrait retourner à Paris.

c Elle ne mange pas de légumes.
  i Elle préfère les pâtes.
  ii Elle est végétarienne.

d Nous n'irons nulle part.
  i Nous resterons ici.
  ii Nous irons à Londres.

e Je n'ai que deux bonbons.
  i J'ai mangé beaucoup de bonbons.
  ii J'ai seulement deux bonbons.

f Tu n'as rien dans ton sac.
  i Tu as tout sorti de ton sac.
  ii Tu as tout mis dans ton sac.

g Il n'y a ni temple ni musée
  i J'irai voir le château.
  ii J'ai visité le musée hier.

h Il n'y a personne.
  i Tout le monde est là.
  ii Les rues sont désertes.

3 Match the following interview questions (a–i) with the appropriate replies (i–ix).

a Sandi, tu as beaucoup d'amis, ici? ....

b Alors, tu restes avec ta sœur? ....

c Tu sors souvent, le soir? ....

d Qu'est-ce qu'il y a comme distractions? ....

e Il y a surement un restaurant? ....

f Où vas-tu ce weekend? ....

g Tu ne vas pas en ville? ...

h Pourquoi? ....

i Alors tu n'es pas contente ici? ....

  i Non, jamais.

  ii Non, je n'y vais plus.

  iii Non, je ne connais personne.

  iv Il n'y a ni restaurant ni café.

  v Non, je ne suis pas heureuse.

  vi Je ne vais nulle part.

  vii Je n'ai qu'un frère!

  viii Rien!

  ix Il n'y a plus de bus.

> With all negatives, **ne** is placed before the verb (or the auxiliary):
>
> **Jamais**, **pas**, **plus** and **rien** are placed immediately after the verb (after the auxiliary in the perfect tense, and after *aller* in the immediate future).
>
> **Personne** and **nulle part** are also placed immediately after the verb in the present, imperfect and future tenses, but after the past participle in the perfect tense, and after *aller* in the immediate future.
>
> The **que** of ne…que is placed immediately before the word(s) on which it places a restriction, whatever the tense used:
>
>   Il **ne** parle **pas**/Il **n'a pas** parlé/Il **ne** va **pas** parler.
>
>   Il **ne** va **nulle part**/Il **n'est** allé **nulle part**/Il **ne** va aller **nulle part**.
>
>   Il **n'a que** 16 ans/elle **n'a** fait **que** du basket/il **ne** va acheter **qu'un** souvenir.

4 Rewrite the sentences below using the negative given in brackets. You need to think about where the two parts (e.g. *ne…pas*, *ne…aucun*) go in the sentence as various tenses are used. Translate your sentence into English.

e.g. Il lit les livres. (*not*) → Il **ne** lit **pas** les livres. He does not read books.

a Il est parti à 6 heures. (*not*)

....

....

b Elle a mangé pendant la matinée. (*nothing*)

....

....

c Nous avons vu. (*nobody*)

....

....

d Il regardait. (*nothing*)

....

....

e Elle sont allées à Paris. (*nowhere*)

....

....

f Vous aimez les films. (*no…more*)

....

....

g Tu joues au tennis. (*never*)

....

....

h Elle a rencontré. (*nobody*)

....

....

i Ils ont des idées. (*not*)

....

....

j Nous mangeons des fruits. (*only*)

....

....

k Il a vu trois souris. (*only*)

....

....

l Je fumerai. (*no more*)

....

....

m Elle se promènera. (*nowhere*)

....

....

n Vous avez deux frères. (*only*)

....

....

o Tu finis tes devoirs? (*not*)

....

....

B Disjunctive and emphatic pronouns

STUDENT BOOK **179** | GRAMMAR SECTION **235**

> The disjunctive pronouns are: *moi*, *toi*, *lui*, *elle*, *nous*, *vous*, *eux*, *elles*. These pronouns are needed, for example, **after prepositions** (*devant*, *après*, *pour*, *chez*, etc.), after the conjunctions *et* and *ou*, and after *c'est* and *ce sont*:

> *Je l'achète pour **lui**.* I'm buying it for **him**.
>
> *Marc et **moi** viendrons à 6 heures.* Marc and I will come at 6 o'clock.
>
> *C'est **toi** qui chante?* Are **you (the one)** singing?

5 Write the correct French phrase from the box.

e.g. without him → **sans lui**

a with her ....

b behind me ....

c for them (m) ....

d with me ....

e next to us ....

f after you ....

g for them (f) ....

h in front of him ....

i between us ....

j among us ....

k against him ....

l towards her ....

m around them (m) ....

n without you ....

devant lui	sans toi	pour elles
après toi	entre nous	autour d'eux
avec moi	avec elle	derrière moi
sans lui (ex.)	contre lui	à côté de nous
vers elle	pour eux	parmi nous

6 Translate the following:

e.g. I'll eat with them. → **Je mangerai avec eux.**

a For her, we bought flowers.

....

b She will be next to me.

....

c The car was in front of him.

....

d We are leaving without them (m).

....

e Léa and I will go to Nice with you (s).

....

f They chose a table near us.

....

g We are going to arrive after them (f).

....

h Who loved Paris? You (s) or him?

....

> ### Pronouns for emphasis
>
> These pronouns can be **used for emphasis**:
>
> *Elle adore les maths, mais* **moi,** *je préfère l'EPS.*
>
> She loves maths, but **I** prefer PE.
>
> *Il est parti, mais* **nous,** *nous sommes restés.*
>
> He left, but **we** stayed.

7 Fill the gaps with the correct emphatic pronoun.

e.g. ...., je prends l'avion. → **Moi,** je prends l'avion.

a Il aime le sport, mais ...., tu es sportif aussi?

b ...., elle vient de Bamako, et ...., nous venons d'Abidjan.

c Nous irons au camping, et ...., elles iront à l'hôtel.

d Ses parents visitent la ville, mais ...., que fait-il?

e Vous arrivez enfin; et ...., est-ce qu'ils arrivent aussi?

f ...., vous n'avez jamais pris l'avion?

> ### Disjunctive pronouns in comparisons
>
> Disjunctive pronouns are used in comparisons:
>
> *Il est aussi âgé que* **toi.** He is as old as **you.**
>
> *Chloë était plus grande que* **lui.** Chloë was taller than **him.**

8 Change the comparison, so that you have to use a disjunctive pronoun. Do not change the meaning.

e.g. Je suis plus petit que Paul. (I am smaller than Paul.) →

Paul est moins petit que moi. (Paul is less small than me.)

a Tu es plus intelligente que Diana.

....

b Ils sont aussi forts que les filles.

....

c Il sera moins fatigué que son père.

....

d Elles étaient moins belles que toi.

....

e Je suis plus actif que lui!

....

Unité 8 Le shopping

A Demonstrative adjectives

STUDENT BOOK **119** GRAMMAR SECTION **231**

> These are the words for **this/that**, **these/those**:
>
> *J'adore* **ce** *chocolat.* I love **this** chocolate.
>
> Use **ce** (*m*), **cette** (*f*), **ces** (*pl*), or **cet** for masculine singular nouns beginning with a vowel or a silent *h*.

1 Replace *le, la, l', les* with an appropriate demonstrative adjective.

e.g. les oranges → **ces** oranges

a la robe bleue...

b les baskets blanches....................................

c le pull à rayures..

d l'anorak noir en velours...............................

e l'écharpe rouge..

f le bonnet en laine..

g les gants en cuir..

h la ceinture à motif.......................................

i les pantalons en coton.................................

j la veste à pois...

B Negative *ne...aucun(e)*

STUDENT BOOK **185** GRAMMAR SECTION **236**

> **Aucun** is an adjective that is used with **ne** to mean **no/not any, no...at all/not a single....** **Aucun** must agree in gender with the noun that follows and **ne** comes in front of the verb but is always singular:
>
> *Nous* **n'**avons **aucune** robe.
>
> We do **not** have **any** dresses **at all**/We do **not** have **a single** dress.

2 Unjumble the following sentences then give the meaning in English.

e.g. n'/aucun/il/y/a/magasin/le/dans/village. →

Il n'y a aucun magasin dans le village. There isn't a single shop in the village.

a n'/ai/je/aucune/ceinture.

....

....

b ils/aucun/n'/ont/short.

....

....

c elle/lit/ne/livre/aucun.

....

....

d il/y/a/café/n'/aucun.

....

....

e n'aucun/vous/le/avez/supermarché/village/dans.

....

....

f n'/vendu/on/aucun/a/gilet.

....

....

g n'/acheté/nous/aucun/avons/cadeau.

....

....

h vous/aucune/n'/avez/choisi/jupe.

....

....

i elles/offert/n'ont/chocolat/aucun.

....

....

3 Write the opposite of each sentence using *ne…aucun(e)*.

e.g. Il y a beaucoup de marchés ici. → **Il n'y a aucun marché ici.**

a Elle a acheté trois pantalons.

....

b Tu as beaucoup de magasins ici.

....

c Ils ont choisi deux manteaux.

....

d Vous portez des chapeaux.

....

e Il y a trop de marchés dans la ville.

....

f On a des promotions spéciales.

....

g Ils vendent des vêtements de marque.

....

h J'ai acheté beaucoup de vêtements chers.

....

i Elle a mangé six pains au chocolat.

....

j On vend des vêtements à prix réduit.

....

> *Aucun(e) des* can be used at the beginning of a sentence:
>
> *Aucun des garçons n'est riche.*
>
> **None** of the boys is rich.

4 Translate into French.

e.g. None of the girls is happy. → **Aucune des filles n'est contente.**

a None of the girls likes the dresses.

....

b None of the boys chooses the T-shirts.

....

c None of the shops is a clothes shop.

....

d None of the belts is expensive.

....

e None of the shoes is brown.

....

C Demonstrative pronouns

STUDENT BOOK **145** GRAMMAR SECTION **231**

> In French, demonstrative pronouns (in English: **this one/these/that one/those/the one/the ones**) agree with the noun to which they refer:
>
> *Je voudrais un gilet comme **celui** de la vitrine.*
>
> I would like a waistcoat like **the one** in the window.
>
> Other forms are **celle** (f s), **ceux** (m pl) and **celles** (f pl).

5 Replace the word in bold with an appropriate demonstrative pronoun.

e.g. Tu préfères ce gilet bleu ou **le gilet** à 20€? →

Tu préfères ce gilet bleu ou **celui** à 20€?

a Tu voudrais cette cravate rouge ou **la cravate** à 25€?

....

b Elle va acheter ce pantalon gris ou **le pantalon en cuir**?

....

c Vous préférez ces chaussures bleues ou **les chaussures** de la vitrine?

....

d Elles voudraient ces gâteaux maison ou **les gâteaux** en boite?

....

e Vous voulez ces pommes du pays ou **les pommes** à côté des oranges?

....

f Elle veut prendre cette tarte à la crème ou **la tarte** aux abricots?

....

g Il aime ces boutiques dans la rue Henri IV ou **les boutiques** devant le cinéma?

....

h Elles ont acheté ces baskets bleues ou **les baskets** à prix réduit?

....

i Tu préfères ces T-shirts blancs ou **les T-shirts** en coton?

....

j Ils ont choisi cette raquette ou **la raquette** chez Sports?

....

D Indirect object pronouns *lui and leur*

STUDENT BOOK **127**   GRAMMAR SECTION **235**

> An indirect object pronoun expresses 'to' or 'for' a person. *Lui* usually means 'to him/her' or 'for him/her', while *leur* usually means 'to/for them'.
>
> In the present, imperfect, and future tenses, *lui* and *leur* are placed in front of the verb:
>
> *Nous **lui** donnons le cadeau.* We are giving the present **to him/her**.
>
> In the perfect tense and in the immediate future, *lui* and *leur* are placed in front of the part of *avoir* or in front of the infinitive respectively:
>
> *Je **leur** ai lu des histoires.* I read some stories **to them**.
>
> *Vous allez **lui** réserver des places.* You are going to reserve some places **for him/her**.

> When used with a verb in the negative, *lui* and *leur* are still placed as described above:
>
> *Tu ne **lui** achetais pas de bonbons.* You were not buying any sweets **for him/her**.
>
> *Ils ne **leur** ont jamais offert de conseils.* They never offered any advice **to them**.

6 Unjumble the following sentences, then give their meaning in English.

e.g. pas/ne/mon/prête/lui/vélo/je. → **Je ne lui prête pas mon vélo.** I am not lending him/her my bicycle.

a leur/Léna/un/la/achète/livre/à/librairie.

....

....

b cartes/Marie/ne/pas/de/envoie/lui.

....

....

c donnait/son/bonbons/Louise/des/lui/pour/anniversaire.

....

....

d lui/je/pas/boisson/ne/demande/une.

....

....

e ne/téléphoner/ils/ce/pas/vont/soir/leur.

....

....

f les/vous/ne/avez/leur/pas/montré/photos.

....

....

7 Rewrite the following sentences, replacing the words in bold by either *lui* or *leur* as appropriate.

e.g. Elle va donner les fleurs à **sa grand-mère**. → Elle va **lui** donner les fleurs.

a Nous allons prêter les vélos **à nos voisins**.

....

b Tu as laissé ce message **au patron**?

....

c J'expliquais le problème **à M. et Mme Bort**.

....

d Vous décriviez le magasin **aux touristes**?

....

e Elle va vendre sa voiture **à son ami**.

....

f Djébril ne prête pas son ordinateur **à sa sœur**.

....

g Nous n'avons pas répondu **à nos parents**.

....

h Je ne vais rien demander **à ma cousine**.

....

i Tu n'as pas réservé de places **à ton grand-père**.

....

j Ils ne disaient jamais 'Bonjour' **aux vendeurs**.

....

8 Translate into French.

e.g. He offered the book to her. → **Il lui a offert le livre.**

a We gave the book to him for Christmas.

....

b She offered the present to her.

....

c They (f) bought some flowers for them.

....

d I used to distribute the cards to him.

....

e They (m) used to say goodbye to her at 6 o'clock.

....

f You (s) were reserving a place for him.

....

g He buys some chocolates for her every day.

....

h We (*On*) are showing the books to them.

....

i You (pl) are going to reply to them tomorrow.

....

j I am going to read the book for her.

....

E *Qui and que* as relative pronouns

STUDENT BOOK **125** GRAMMAR SECTION **236**

> Relative pronouns are used to introduce a clause giving extra information about a noun. Two of the most commonly used pronouns are *qui* and *que*.

> *Qui* is used when the relative pronoun is the subject of the verb in the subordinate clause:
>
> *Le chanteur **qui** parle est très beau.*
>
> The singer **who** is talking is very handsome.
>
> *Que* (or *qu'* in front of a vowel or a silent h) is used when the relative pronoun is the object of the verb in the subordinate clause:
>
> *La pomme **que** je mange est verte.*
>
> The apple (**that**) I'm eating is green.

9 Insert the appropriate relative pronoun *qui* or *que*.

e.g. Il aime cet anorak **que** je viens d'acheter.

a J'adore ce pantalon .... tu m'as acheté.

b Tu aimes le gilet .... Papa a acheté?

c Il n'y a pas de magasins .... vendent des bijoux.

d Elle préfère la parfumerie .... se trouve à côté du tabac.

e Elles adorent les magasins ...... sont au centre commercial.

f Nous avons choisi la carte bancaire .... est neuve.

g Je conseille ce livre .... Paul m'a offert.

h Elle a choisi ces croissants .... sont plus grands.

i C'est le garçon .... tu as vu au supermarché.

j C'est la fille .... porte des bijoux africains.

10 Translate into French.

e.g. We like the boy who is wearing a red jumper. →

Nous aimons le garçon qui porte un pull rouge.

a He likes the girl who wears a blue T-shirt.

....

b She buys clothes that are very expensive.

....

c They prefer the green dress that she wore to the cinema.

....

d We chose the gift that is in the bag.

....

e He met the teacher who is called Mr Duval.

....

f She has a book that she bought at the market.

....

g I prefer the shop that is in the square.

....

h He is reading the book that we found.

....

i You (s) bought this hat that I like.

....

j You (pl) saw the book that is on special offer.

....

Unité 9 On a des problèmes!

A Pluperfect tense

STUDENT BOOK **203** GRAMMAR SECTION **245**

> The pluperfect is a past tense.
>
> *Elle **avait fini**, quand il est arrivé.*
>
> She **had finished**, when he arrived.
>
> *Je **m'étais couchée** quand ma mère a téléphoné.*
>
> I **had gone** to bed when my mother rang.
>
> The pluperfect tense is formed in exactly the same way as the perfect tense, except that **the auxiliary** (*avoir* or *être*) **is in the imperfect tense**. The same verbs have the same irregular past participles, and the rules of agreement for the past participle are the same as in the perfect tense.

1 Choose the correct auxiliary verb from those in the box to complete the sentences in the pluperfect tense.

e.g. Max **avait** beaucoup aimé les hors d'oeuvres.

avait (ex.)	étions	avais	étaient
était	avaient	aviez	avait
avions	étais	étiez	

a Est-ce que ton copain............... fini de manger quand tu es arrivé?

b Je m'................ dépêchée pour ne pas être en retard, mais quand je suis arrivée à l'arrêt, l'autobus......parti.

c Avant de partir au Japon, nous n'...................jamais allés dans un restaurant japonais, et nous n'................ jamais gouté à la cuisine japonaise.

d Comment est-ce que vous...................trouvé l'hôtel? Vous vous................ renseignés à l'office de tourisme?

e Quand je suis rentré chez moi, mes parents s'............ couchés: je leur.................téléphoné pour dire que j'arriverais après minuit.

f Les enfants étaient vraiment contents d'aller à la plage, parce qu'ils n'...................jamais vu la mer!

2 Follow the example to explain why Ben and Annie did not do these activities in Paris. You must use the pluperfect tense in your replies.

e.g. Ben n'a pas visité la cathédrale Notre-Dame, cette année? (l'an dernier) → **Non, il avait déjà visité la cathédrale l'an dernier.**

a Ben et Annie n'ont pas fait de promenade en bateau sur la Seine le soir? (dans la journée)

....

....

b Annie n'est pas allée au musée du Louvre, cette année? (il y a 2 ans)

....

....

c Ben n'a pas pris de photos de l'Arc de Triomphe, cette fois? (la dernière fois)

....

....

d Ben et Annie ne sont pas montés à la tour Eiffel, samedi? (jeudi)

....

....

e Annie ne s'est pas promenée dans le Quartier latin, hier? (avant-hier)

....

....

f Ben et Annie n'ont pas mangé dans leur restaurant favori de l'île Saint-Louis, mercredi? (en début de semaine)

....

....

3 Choose the appropriate option from the right-hand column to complete the sentences. You must put the verb in brackets in the correct form of the pluperfect tense.

e.g. Damien est allé à l'hôpital...

Damien est allé à l'hôpital/parce qu'il **s'était blessé** à l'épaule en tombant de vélo.

a Marie était triste...

....

b Ma sœur est partie à pied...

....

c Nous (f) n'avons pas raté le train...

....

d Elles n'ont pas pu payer l'addition…

....

e Julien n'a pas skié hier…

....

f Elles sont arrivées en retard…

....

g Cette année ils n'ont pas voyagé en ferry…

....

h J'étais très content de voir ma tante…

....

(ex.) parce qu'il (*se blesser*) à l'épaule en tombant de vélo.

i parce qu'on leur (*voler*) leurs cartes bancaires.

ii parce qu'ils (*avoir*) le mal de mer l'an dernier.

iii parce que son copain (*oublier*) de lui téléphoner.

iv parce que nous (*se lever*) très tôt ce matin-là!

v parce que je ne l'(*voir*) pas depuis 6 mois.

vi parce qu'il (*se faire*) mal à la cheville lundi.

vii parce qu'elles (*prendre*) la mauvaise direction.

viii parce que sa voiture (*tomber*) en panne la veille.

B Verbs in the passive

STUDENT BOOK **195** GRAMMAR SECTION **248**

The passive is used to say that things are done to someone or something. In other words, instead of being active, the subject of the verb is being passive. To form the passive of a verb, use ***être*** in the required tense, followed by the **past participle** of the verb. Make sure the past participle agrees with the subject.

La photo **est prise/a été prise** par le photographe.

The photo **is taken/was taken** by the photographer.

La maison **sera vendue/a été vendue** par l'agence.

The house **will be sold/was sold** by the agency.

4 Give the correct form of the verb in the passive (present tense) and translate into English.

e.g. Les livres **sont lus** (*lire*) par les étudiants. → The books are read by the students.

a La table .... (*réserver*) par le client.

....

b Le repas .... (*préparer*) par le chef.

....

c Les rideaux .... (*déchirer*) par le petit chien.

....

d La leçon .... (*comprendre*) par les élèves.

....

e La maison .... (*abimer*) par la tempête.

....

f Les réparations .... (*faire*) par le maçon.

....

g Les camions .... (*conduire*) par les employés.

....

h Le sac .... (*prendre*) par le voleur.

....

i Les enfants .... (*attendre*) par leurs parents.

....

j Les patients .... (*recevoir*) par le médecin.

....

5 Put the following sentences into the passive (present tense). Don't forget to make the necessary agreement on the past participle.

e.g. L'artiste dessine les arbres. → **Les arbres sont dessinés par l'artiste.**

a Les invités boivent le champagne.

....

b Les ouvriers finissent le travail.

....

c Le mécanicien répare le scooter.

....

d L'enfant casse les jouets.

....

e La concierge ferme les portes.

....

f La vendeuse rembourse la robe tachée.

....

g M. Paul paie l'addition.

....

h Grand-mère écrit la lettre.

....

i Le garçon de café sert les boissons.

....

j Matthieu envoie le paquet.

....

6 Use the details given to you to make up sentences in the passive, in the specified tense.

e.g. Le piéton/renverser/une moto. (*perfect*) →
Le piéton **a été renversé** par une moto.

Les branches/casser/le vent. (*pluperfect*) →
Les branches **avaient été cassées** par le vent.

a La cycliste/heurter/un autobus. (*perfect*)

....

b Ils/emmener à l'hôpital/les ambulanciers. (*perfect*)

....

c Deux personnes/blesser/un cheval. (*pluperfect*)

....

d Une banque/attaquer/des gangsters. (*pluperfect*)

....

e Toute la région/menacer/la tempête. (*present*)

....

f Les villages/frapper/des orages violents. (*present*)

....

g Ces arbres/arracher/des vents très forts. (*future*)

....

h Un magasin/détruire/un incendie féroce. (*future*)

....

i La rue/noyer/des inondations soudaines. (*imperfect*)

....

j Trois maisons/cambrioler/des inconnus. (*imperfect*)

....

C Possessive pronouns

STUDENT BOOK **151** GRAMMAR SECTION **232**

Possessive pronouns replace a possessive adjective and a noun. English possessive pronouns are: mine, yours, his, hers, its, ours, theirs. French possessive pronouns are made up of two parts and agree in gender and in number with the noun that they replace. See table below:

	m s	f s	m pl	f pl
mine	le mien	la mienne	les miens	les miennes
yours (s)	le tien	la tienne	les tiens	les tiennes
his/hers/its	le sien	la sienne	les siens	les siennes
ours	le nôtre	la nôtre	les nôtres	les nôtres
yours (pl)	le vôtre	la vôtre	les vôtres	les vôtres
theirs	le leur	la leur	les leurs	les leurs

Examples:

*Tu as **ton livre**, et moi j'ai **le mien**.*

You have your book, and I have mine.

*Nous mangeons **nos sandwichs**, et ils mangent **les leurs**.*

We eat our sandwiches, and they eat theirs.

7 Give the corresponding possessive pronoun.

e.g. C'est sa voiture. → C'est **la sienne**.

a C'est mon miroir. → ....

b Ce sont mes amis. → ....

c J'aime sa bague. → ....

d Il a perdu ses belles lunettes. → ....

e Tu as vu nos photos? → ....

f On a volé leurs bijoux. → ....

g C'est votre sac noir? → ....

h Vous avez vos téléphones? ....

i Tu veux ton ordinateur? → ....

j Ils ont rencontré notre fille. → ....

8 Fill the gaps in the text 'Our room and the Wilsons' room', using the appropriate possessive pronouns.

Nous sommes en vacances avec les Wilson. Mais nos chambres d'hôtel sont très différentes!

Notre **chambre d'hôtel** est toute petite, mais **la leur** (*ex.*) est très grande! **Notre chambre** est horrible, ... est très agréable. **Nos lits** sont inconfortables, mais ...., au contraire, sont vraiment confortables. **Notre salle de bains** est petite, tandis que .... est immense! **Nos lampes** sont cassées, mais .... marchent très bien. **Notre hôtel** est trop bruyant, ... est si calme!

Monsieur Wilson a de la chance: **mes meubles** sont vieux, ... sont complètement neufs. **Mon écran plat** est tout petit, ... est très grand. **Les boissons** de mon mini-bar sont payantes, ... sont gratuites. **Son hôtel** coute très cher, ... , heureusement, est très bon

marché! **Sa femme** n'est pas contente du prix, mais

.... est vraiment heureuse!

D Venir (imperfect tense) + de + infinitive

STUDENT BOOK **163** GRAMMAR SECTION **249**

> Use **venir** in the imperfect tense followed by **de** + an
> infinitive to say that something **had just happened**.
>
> Je **venais d'**arriver, et il **venait de** partir!
>
> I **had just** arrived and he **had just** left!

9 Cross out the incorrect translation.

e.g. He had just eaten. → ~~Il allait manger.~~/Il venait de manger.

a She had just torn. → Elle venait de déchirer./Elle allait déchirer.

b You had just collided. → Vous aviez heurté./Vous veniez de heurter.

c I had just spilt the milk. → Je venais de renverser le lait./Je viens de renverser le lait.

d We had just recovered. → Nous venions guérir./Nous venions de guérir.

e They had just made a mistake. → Ils venaient de se tromper./Ils se trompaient.

f You had just been ill. → Tu avais été malade./Tu venais d'être malade.

g The baby had just coughed. → Le bébé allait tousser./Le bébé venait de tousser.

h The car had just braked. → La voiture venait de freiner./La voiture vient de freiner.

i The bikes had just skidded. → Les vélos glissaient./Les vélos venaient de glisser.

j The forest had just burnt. → La forêt venait de bruler./La forêt allait bruler.

10 Translate into French.

e.g. You (s) had just fallen. → **Tu venais de tomber.**

a She had just eaten.

....

b They (f) had just finished.

....

c We had just done the work.

....

d He had just got up.

....

e Tom and I had just seen the car.

....

f You (pl) had just lost the match.

....

g They (m) had just phoned.

....

h Myriam had just cancelled.

....

i I had just injured myself.

....

j Luc and Marco had just written.

....

Unité 10 Tu t'entends bien avec eux?

A Faire in perfect tense

GRAMMAR SECTION **249**

> The verb **faire** usually means 'to do' or 'to make',
> but in certain expressions it can mean **to go**. For
> example, faire du vélo means 'to go for a bike ride'.
>
> A full list of expressions using faire is given on the
> pages referenced above.

1 Work out the missing vowels in these sentences, which are all in the perfect tense. Write the sentences in full in French and translate them into English.

e.g. Tsftdvl → **Tu as fait du vélo.** You went for a bike ride.

a Ilftdchvl

....

b Jftdlvl

....

c Nsvnsftnsbggs

....

d Vsvzftdcmpng

....

e lsntftdsk

....

....

....

....

....

....

2 Work out where the gaps need to go in the sentences below. Write the sentences correctly in French and add an expression of time.

e.g. Elleafaitducheval → **Elle a fait du cheval la semaine dernière.**

a Ilsontfaitunerandonnée.

....

b Tuasfaitlavaisselle.

....

c Nousavonsfaitdelaplancheàvoile.

....

d Vousavezfaitunepartiedetennis.

....

e Ilsontfaitleménage.

....

3 Match a sentence from list A to a sentence in list B.

e.g. **a** J'ai fait des courses. + **7** J'ai fait des achats.

List A	List B
a J'ai fait des courses. (*ex.*)	**1** J'ai fait une randonnée.
b J'ai fait du vélo.	**2** J'ai lavé les assiettes.
c J'ai fait la cuisine.	**3** J'ai fait de l'équitation.
d J'ai fait de la natation.	**4** Je me suis levé tard.
e J'ai fait le repassage.	**5** J'ai fait du cyclisme.
f J'ai fait la grasse matinée.	**6** J'ai travaillé dans le jardin.
g J'ai fait du jardinage.	**7** J'ai fait des achats. (*ex.*)
h J'ai fait une promenade.	**8** J'ai préparé le repas.
i J'ai fait du cheval.	**9** J'ai nagé.
j J'ai fait la vaisselle.	**10** J'ai repassé ma chemise.

4 Translate these sentences into French using an expression with *faire*. Remember the negatives *ne...pas, ne...jamais, ne...rien* go around the part of *avoir* in the perfect tense.

e.g. We did not go horseriding. → **Nous n'avons pas fait du cheval.**

a They (m) went swimming in the sea.

....

b I went sailing with my friends.

....

c He did not pack his bags yesterday.

....

d You (pl) went camping in Switzerland.

....

e He never did odd jobs for his family.

....

f They kissed on both cheeks.

....

g Did you (s) hitchhike in France?

....

h We did not do a course on sport.

....

i You (s) went for a walk on the beach.

....

j He went skiing in the Alps.

....

B Expressions with *avoir*

STUDENT BOOK **31** GRAMMAR SECTION **249**

> The verb *avoir* normally means **to have** but in certain expressions it translates differently, e.g. *avoir faim* (**to be** hungry). A full list is available on the pages noted above.

5 Translate the following into English. (Be careful: a variety of tenses is used.)

e.g. J'ai soif. → **I am thirsty.**

a Il a faim.

....

b Nous avons chaud.

....

c Ils ont eu froid.

....

d Vous aviez sommeil.

....

e Elle aura peur.

....

f Tu en as marre.

....

g J'avais tort.

....

h Vous aurez hâte de finir.

....

i Il a lieu en avril.

....

j On a horreur de ça.

....

6 Complete these sentences with an appropriate *avoir* expression.

e.g. J'**ai hâte de** sortir.

a J'ai mangé un sandwich parce que j'avais ....

b Elle veut de la limonade parce qu'elle a ....

c Elle a .... contente parce qu'elle sourit.

d Tu auras .... si tu ne mets pas ton manteau.

e Elles ont ....; elles vont se coucher.

f Il a .... de faire le ménage; il préfère sortir.

g Le festival a eu .... à Toulouse.

h Ils en ont ....; ils ont trop de devoirs.

i Nous avons .... des araignées.

j Elle a ....: la Belgique est un pays francophone.

C *Après avoir/être* + past participle

STUDENT BOOK **193**   GRAMMAR SECTION **244**

> *Après avoir* (or *après être*, if appropriate) is used with a past participle to say 'after having done something'. It can be used *only* when the subject is the same for both verbs in the sentence.
>
> **Après avoir mangé**, *elle a fait la vaisselle.*
>
> **After having eaten**, she did the washing up.

7 In each sentence there are two actions. Rewrite the sentences using the *après avoir* (or *après être*) construction.

e.g. Il a fait la lessive, puis il a joué au tennis. →
Après avoir fait la lessive, il a joué au tennis.

Je suis entrée, puis j'ai téléphoné. →

Après être entrée, j'ai téléphoné.

a Elle a nettoyé la chambre, puis elle a regardé la télé.
....

b Nous avons vu le film, puis nous sommes rentrés.
....

c Ils ont joué au foot, puis ils ont fait du vélo.
....

d Vous êtes sorties, puis vous avez rencontré vos amis.
....

e Je suis allée au parc, puis j'ai fait du patinage.
....

f On est rentrés à la maison, puis on a surfé le net.
....

g Je me suis levée, puis j'ai pris mon petit déjeuner.
....

h Tu t'es réveillée, puis tu t'es habillée.
....

i Ils se sont douchés, puis ils sont partis.
....

j Tu as ouvert le cadeau, puis tu as envoyé un mél.
....

8 Look at each set of pictures. Write a sentence using the *après avoir* (or *après être*) construction as appropriate.

e.g. A   B   Je

Après avoir joué au tennis, j'ai fait le ménage.

a A   B   Elle
....
....

b A   B   Je
....
....

c A   B   Il
....
....

d A   B   Elle
....
....

e A   B   Ils
....
....

f A   B   Tu (f)

....

....

Unité 11 Le travail et l'argent

A Relative pronouns *dont* and *où*

GRAMMAR SECTION
236

> The relative pronoun **dont** usually translates as 'whose', 'of whom' or 'of which':
>
> *C'est une personne **dont** nous ne connaissons pas l'adresse.*
>
> It is a person **whose** address we do not know.
>
> **Dont** is also used instead of *qui* or *que* with verbs that are followed by *de*.
>
> *C'est le stylo **dont** j'ai besoin.*
>
> It is the pen **that** I need.
>
> **Où** (where) is used to refer to a place:
>
> *Ils habitent à Toulouse, **où** ils travaillent.*
>
> They live in Toulouse, **where** they work.
>
> **Où** can also refer to time and translates as 'when' or 'that':
>
> *Il est revenu le jour **où** tu es partie.*
>
> He came back on the day **that** you left.
>
> *Tu as oublié la première fois **où** tu l'as vu.*
>
> You have forgotten the first time (**when**) you saw him.

1 Translate these sentences into English.

e.g. Il a vu la fille dont les parents habitent ici. → **He saw the girl whose parents live here.**

a Vous voulez prendre le portable dont elle parlait?

....

b Le garçon dont le travail est mauvais est parti.

....

c Nous habitons dans la rue où il y a une boulangerie.

....

d C'est le magasin où j'ai fait mon stage en entreprise.

....

e Elle oublie la dernière fois où elle l'a rencontré.

....

f C'est le patron dont j'ai peur.

....

g Il a reçu son argent le jour où tu as gagné à la loterie nationale.

....

h C'est un travail dont on ne sait rien.

....

i Tu as l'aspirateur dont il se sert pour la voiture?

....

j Je fais du ménage les jours où ma mère travaille.

....

2 Complete the sentences with either *dont* or *où* as appropriate.

e.g. C'est le magasin ....j'achète le pain. → **C'est le magasin où j'achète le pain.**

Ma cousine..........j'oublie l'âge est très stupide. → **Ma cousine dont j'oublie l'âge est très stupide.**

a C'est la maison .... j'ai grandi.

b Il se rappelle l'heure exacte .... il a entendu les nouvelles.

c Tu as l'argent .... tu as besoin?

d Je l'ai vu la première fois .... il est venu.

e Nous allons chercher la boite .... nous nous servirons au camping.

f C'est le garçon .... le père est médecin.

g Elles finissent le livre .... elles ont parlé.

h Mon patron .... j'oublie le nom est très énervant.

i J'ai vu la femme .... le magasin vient de fermer.

j Le dimanche est le seul jour .... je ne dois pas travailler.

3 Translate the following sentences into French.

e.g. The town where he works. → **La ville où il travaille.**

a The park where we play.

....

b The office where I did my work experience.

....

c There are many Francophone countries whose currency is the euro.

....

d I read the book that you talked to me about.

....

e The first time I received a salary.

....

f The girl whose dress is red.

....

g Do you (s) like the cafe where we met?

....

h Friday was the last day when they (m) worked.

....

i Do you (s) have the documents I need?

....

STUDENT BOOK **129** GRAMMAR SECTION **250**

B Impersonal verbs

Impersonal verbs, as shown below, are used only in the *il* form:

Il y a	There is/There are
Il reste	There is/are…left
Il manque	…is missing
Il s'agit de	It is about
Il parait que	It appears that
Il suffit de	It is enough to
Il vaut mieux	It is better to
Il vaudrait mieux	It would be better to
Il faut	It is necessary

Il reste une minute.	There **is** one minute **left**.
Il manque un bouton.	A button **is missing**.

4 Rearrange the following sentences and then translate them into English. (Be careful: a variety of tenses has been used.)

e.g. reste trois il euros. → **Il reste trois euros.** There are three euros left.

a il disponibles deux postes a y.

....

....

b reste il beaucoup monnaie de marocaine.

....

....

c des dans il annuaire l' manque tunisien numéros.

....

d de stage il s'agit mon Sénégal au.

....

....

e aux parait le il monde que tout aime travailler Seychelles.

....

....

f suffit heure il d'une tâche pour cette.

....

....

g pleut les il jours tous chez nous.

....

....

h avait dollars il y des son dans portemonnaie.

....

....

i mieux avec il vaut voyager passeport son.

....

....

5 Answer these questions in French. Use your imagination for the answers.

e.g. Qu'est-ce qu'il reste dans le placard? → **Il reste des livres et un stylo.**

a Qu'est-ce qu'il y a dans ton sac?

....

b Qu'est-ce qu'il reste dans la chambre?

....

c Qu'est-ce qu'il manque dans la ville?

....

d De quoi s'agit-il dans ton message?

....

e Qu'est-ce qu'il faudra faire pour améliorer le français?

....

f Qu'est-ce qu'il vaut mieux étudier au collège?

....

g Qu'est-ce qu'il y aura dans ta nouvelle maison?

....

h Il t'a fallu combien de temps pour faire cet exercice?

....

C Using two pronouns together

GRAMMAR SECTION 235

The following are pronouns: **me** (me, to/for me); **te** (you, to/for you); **se** (oneself, to/for oneself); **nous** (us, to/for us); **vous** (you, to/for you); **le** (it (m), him); **la** (it (f), her); **les** (them); **lui** (to/for him, to/for her); **leur** (to/for them); **y** (there); **en** (some, of it, about it).

If there is more than one pronoun in a sentence, the order is as follows:

		Position		
First	Second	Third	Fourth	Fifth
me				
te	le	lui		
se	la	leur	y	en
nous	les			
vous				

e.g. *Ils **nous en** ont acheté.* They bought **some for us**.

*Il **se l'**achète.* He buys **it for himself**.

In the present, future and imperfect tenses the pronouns are placed in front of the verb. With the perfect and pluperfect tenses, pronouns are placed in front of the part of *avoir* or *être*:

*Je **vous les** enverrai.* I will send **them to you**.

*Je **t'en** ai acheté.* I bought **some for you**.

Where two verbs are used together, pronouns are usually placed between the verbs:

*Ils vont **nous y** rencontrer.* They are going to meet us there.

Remember that **me**, **te**, **se**, **le** and **la** contract to **m'**, **t'**, **s'**, **l'**, and **l'** in front of a vowel or silent **h**.

6 Rewrite the sentences below by placing the pronouns in the correct order. Translate each sentence into English.

e.g. Il a acheté (le, nous)

Il nous l'a acheté.

He bought it for us.

a Elles ont offert (le leur)

....

....

b Je vais rencontrer (vous y)

....

....

c Nous pouvons voir (les y)

....

....

d Nous avons acheté (te en)

....

....

e Vous voulez offrir? (les leur)

....

....

f Tu as pris (le me)

....

....

g Il va ouvrir (nous les)

....

....

h Ils doivent parler (me en)

....

....

i On a trouvé (le lui)

....

....

j Elle peut préparer (nous la)

....

....

7 Rewrite the sentences below. Put the correct pronouns in the correct order.

e.g. Ils offrent (some, to me) → **Ils m'en offrent.**

a Elle donne (them, to me)

....

b Nous regardons (them, there)

....

c Tu apportes (some, for us)

....

d Je range (it (m), for you (s))

....

e Ils invitent (us, there)

....

f Vous offrez (it (f), to him)

....

g Elle parle (to them, about it)

....

h Nous organisons (it (f), for you (pl))

....

i Il attend (me, there)

....

j On donne (it (m), to you (s))

....

Unité 12 Notre environnement

Pronouns in negative sentences

When using a negative with a sentence in the present, imperfect and future tenses, *ne* is placed in front of the pronouns and *pas* is placed after the verb:

> *Je **ne** vous les enverrai **pas**.* I will not send them to you.

When using a negative with the perfect and pluperfect tenses, *ne* is generally placed in front of the pronouns and *pas* after the part of *avoir* or *être*:

> *Il **ne** nous l'a **pas** donné.* He did not give it to us.

In the immediate future, *ne* is usually placed in front of the part of *aller* and the *pas* after the part of *aller*:

> *Ils **ne** vont **pas** nous y rencontrer.* They are not going to meet us there.

---

8 Fill in the gaps by replacing the underlined words with a suitable pronoun.

e.g. Vous offrez les <u>chocolats à Marc</u>? → **Oui, je les lui offre.**

a Vous rencontrez <u>les filles au marché</u>?

Oui, je .... rencontre.

b Tu as invité <u>Paul au cinéma</u>?

Oui, je .... ai invité.

c Est-ce que Paul achètera <u>les livres pour Julie</u>?

Oui, il .... achètera au marché.

d Est-ce que les filles vont trouver <u>du chocolat pour toi</u>?

Oui, elles vont .... trouver ce soir.

e Marc attendait <u>Ghislaine au cinéma</u>?

Oui, il .... attendait tous les jours.

f Est-ce que Stéphanie peut aider <u>les filles au club</u>?

Oui, elle peut .... aider.

g Tu as préparé <u>du poulet pour les garçons</u>?

Oui, je .... ai préparé pour le diner.

h Tes parents donnent <u>la boite à Christelle</u>?

Non, ils ne .... donnent pas.

i Elle va envoyer <u>le message aux filles</u>?

Elle .... a déjà envoyé.

j Tu aimes écrire <u>des phrases avec des pronoms pour ton prof</u>?

Mais oui! J'adore .... écrire.

A Conditional

The conditional is used to talk about what would happen or what people would do. The conditional is formed by adding the imperfect tense endings to the infinitive of a verb as follows: *je -ais, tu -ais, il/elle/on -ait, nous -ions, vous -iez, ils/elles -aient*. All the verbs that are irregular in the future tense are irregular in the conditional. If a verb has an irregular stem in the future tense, the imperfect tense endings are added to this same irregular stem to form the conditional:

> *je jouerais* (I would play), *tu finirais* (you would finish), *il vendrait* (he would sell)

> *nous serions* (we would be), *vous auriez* (you would have), *ils feraient* (they would do)

1 Translate the following into French, choosing the correct verb from the box. (The verbs in h–r are all irregular.)

e.g. She would buy. → **Elle achèterait.**

a I would work. → ....

b He would finish. → ....

c We would sell. → ....

d You would play. → Tu ....

e We would open. → ....

f I would wash. → ....

g You would take. → Vous ....

h They would get up. → Ils ....

i He would be. → ....

j We would have. → ....

k They would do. → Ils ....

l I would have to. → ....

m She would see. → ....

n They would come. → Elles ....

o They would go. → Elles ....

p I would receive. → ....

q I would be able to. → ....

r She would know. → ....

recevoir	savoir	être	venir
acheter (ex.)	devoir	prendre	ouvrir
aller	avoir	vendre	voir
faire	se lever	jouer	se laver
travailler	finir	pouvoir	

2 Put the verbs in brackets in the conditional to explain what an environmentally conscious person would do to protect the environment.

e.g. Une personne respectueuse de l'environnement **protègerait** (protéger) les animaux en danger d'extinction.

Elle .... (protéger) aussi la faune, et .... (respecter) les plantes menacées de disparition. Elle .... (savoir) que les ressources naturelles sont limitées, donc elle .... (économiser) l'eau, par exemple. Elle ne .... (gaspiller) pas l'électricité. Au contraire, elle .... (éteindre) toutes les lumières inutiles. Elle .... (comprendre) que les piles sont un danger pour la nature, et elle .... (choisir) des piles rechargeables. Si possible, elle .... (voyager) en train, car elle ne .... (vouloir) pas polluer l'air en voyageant en avion. Elle .... (interdire) les voitures au centre-ville. Elle .... (faire) un effort pour se déplacer à vélo quand ce .... (être) possible. Enfin, elle .... (mettre) toujours ses déchets à la poubelle, car elle .... (avoir) horreur de voir des ordures par terre.

The conditional is used to say what would happen if a certain condition were fulfilled:

*Si Marc avait de l'argent, il **achèterait** un vélo.*
If Marc had money, he would buy a bike.

Note how the verb expressing the condition (after 'if') is used in the imperfect tense in French (*avait*).

---

3 Read and complete this story by putting the verbs in brackets in the correct tense and the correct form.

Si je gagnais au loto, je .... (pouvoir) faire le tour du monde.

Si je .... (pouvoir) faire le tour du monde, j'irais d'abord en Afrique.

Si j'allais d'abord en Afrique, je .... (visiter) le Sénégal.

Si je .... (visiter) le Sénégal, je .... (s'arrêter) à Dakar.

Si je .... (s'arrêter) à Dakar, je m'intéresserais aux traditions locales.

Si je .... (s'intéresser) aux traditions locales, j'................. (aller) au marché.

Si j'allais au marché, je .... (voir) beaucoup de choses intéressantes.

Si je .... (voir) beaucoup de choses intéressantes, j'en .... (acheter).

Si j'en achetais, je .... (devoir) parler avec les vendeurs.

Si je parlais avec les vendeurs, ce .... (être) très intéressant pour moi!

4 On a separate sheet of paper, explain what *you* would do if you won the lottery. Make up four or five sentences, starting each new sentence with the phrase used in the second part of the preceding sentence. Remember to adjust the verb tenses as necessary.

B Indefinite adjectives and pronouns

STUDENT BOOK **207, 209**   GRAMMAR SECTION **231**

An indefinite adjective adds an unspecified value to a noun:

Plusieurs personnes. **Several** people.

Quelques amis. **Some** friends.

Other commonly used indefinite adjectives are *chaque* (each); *tout/tous*, *toute(s)* (all, every); *certain(e)s* (some, certain); *autre(s)* (other); *tel(s)*, *telle(s)* (such); *même(s)* (same).

---

5 Cross out the incorrect form of the adjective. Then translate the sentences into English.

e.g. J'ai acheté ~~quelque~~/quelques nouveaux produits bio. **I bought some new organic products.**

a Certains/certaines espèces végétales disparaissent.

....

b Il faut recycler toute/tous les emballages usés.

....

c Le pays n'a jamais connu un tel/telle désastre environnemental.

....

d Il faut adopter toute/toutes les mesures importantes.

....

e Ce sont toujours les même/mêmes personnes indisciplinées qui polluent.

....

f Nous devons trouver d'autre/d'autres nouvelles énergies renouvelables.

....

> An indefinite pronoun replaces a noun preceded by an indefinite adjective, usually to avoid repetition:
>
> *Il y a beaucoup d'usines. **Chacune** [chaque usine] a sa cheminée, et **toutes** [toutes les cheminées] polluent l'air.*
>
> There are lots of factories. Each one [each factory] has its own chimney, and all [all the factories] pollute the air.
>
> Commonly used indefinite pronouns include **chacun(e)** (each one); **plusieurs** (several); **tout** (everything); **tous/toutes** (all); **certain(e)s** (some); **autres** (others); **quelque chose** (something); **quelqu'un(e)** (someone); **quelques-un(e)s** (some, a few).

6 Complete the French sentences with the appropriate indefinite pronoun by looking at the sentence in English beneath.

e.g. L'eau potable, le pétrole, le charbon, **tous** sont limités.

Drinking water, oil, coal, **all** are limited.

a L'air, la mer, la terre, ... sont pollués.

The air, the sea, the soil; **all** are polluted.

b Les forêts sont en danger, ... ont disparu.

Forests are under threat; **some** have disappeared.

c Certains animaux sauvages perdent leur habitat; d'......................... sont chassés pour leur fourrure.

Some wild animals lose their habitat; **others** are hunted for their fur.

d Il faut faire ....!

We must do **something**!

e Beaucoup de personnes changent leurs habitudes; .... utilisent des énergies renouvelables, ... recyclent au maximum.

Lots of people are changing their habits; **some** are using renewable energies; **several** recycle as much as they can.

f .... d'entre nous doit agir; nous devons .... protéger notre planète!

Each one of us must act; we must **all** protect our planet.

Unité 13 La vie n'est pas toujours rose

A *Depuis* + imperfect tense   STUDENT BOOK 211   GRAMMAR SECTION 249

> In Unit 1, you saw that ***depuis*** is a preposition of time, translating into English as **for** or **since**. When used with the present tense, it conveys the fact that something **has been happening** for a length of time, or since a specified time.
>
> In English, the verb is in the past (*has been happening*), but the French consider that this is still happening as you speak and use the present tense instead:
>
> *Il travaille ici **depuis** 2005.*
> He has worked/been working here since 2005.
>
> *Tu habites là **depuis** 10 mois.*
> You have lived/been living there for 10 months.
>
> ***Depuis*** can also be used with the **imperfect tense**, to say that something **had been happening** for a length of time or since a specified time:
>
> *Il **travaillait** ici **depuis** 2005.*
> He **had worked/been working** here **since** 2005.
>
> *Tu **habitais** là **depuis** 10 mois.*
> You **had lived/been living** there **for** 10 months.

1 Translate these sentences into English. Pay attention to the tense of the verb.

e.g. Mon frère avait ses diplômes depuis 2 ans. → **My brother had had his diplomas for 2 years.**

a Il travaillait depuis novembre dernier.

....

b Il a ce poste depuis 6 semaines.

....

c Elle était au chômage depuis 15 jours.

....

d Depuis le 1ᵉʳ janvier, il lit les petites annonces.

....

e J'avais un petit boulot depuis quelque temps.

....

f Le nombre de chômeurs augmente depuis l'été.

....

g Elles cherchaient un emploi depuis des mois

....

h Depuis mon licenciement, je suis déprimé.

....

2 How long or since when had these things been happening? Answer the questions using the information in brackets. Translate the answers.

e.g. Depuis quand Mme Bosq était-elle en maison de retraite? (3 ans) → **Mme Bosq était en maison de retraite depuis 3 ans.** Mrs Bosq had been in a retirement home for 3 years.

a Depuis quand Mamie était-elle veuve? (1998)

....

....

b Depuis combien de temps M Payré vivait-il chez sa fille? (1 an)

....

....

c Tu partageais ta chambre avec ta grand-mère depuis quand? (Noël)

....

....

d La vieille dame ne voyait plus depuis combien de temps? (quelques mois)

....

....

e Ils étaient membres du club du 3ème âge depuis quand? (l'été)

....

....

f Depuis combien de temps étiez vous retraitée? (15 ans)

....

....

g Le vieillard habitait seul depuis quand? (la mort de sa femme)

....

....

3 Answer the questions in French, using *depuis* with the correct verb tense, to explain how long or since when the events related in this newspaper extract had been happening when you were reading it on 15 March.

> Mardi 15 mars
>
> Ces trois derniers mois, notre ville a connu plusieurs
>
> incidents de nature raciste. Un jeune étudiant de

> 19 ans d'origine jamaïcaine, mais vivant à Paris depuis
>
> l'âge de 2 ans, a été victime d'un incident grave le
>
> 15 février. La police a identifié et arrêté ses deux
>
> agresseurs la semaine dernière. Ils ont été jugés hier
>
> et condamnés à deux ans de prison. La victime, sortie
>
> de l'hôpital le 1er mars, a pu retourner à l'université
>
> avant-hier.

e.g. Depuis quand y avait-il des problèmes d'ordre raciste? → **Il y avait des problèmes d'ordre raciste depuis trois mois.**

a Depuis combien de temps le jeune homme était-il à Paris?

....

b Depuis quand la police connaissait-elle les agresseurs?

....

c Depuis quand les agresseurs étaient-ils condamnés?

....

d Depuis quand le jeune Jamaïcain n'était-il plus à l'hôpital?

....

e Depuis combien de temps était-il à nouveau à l'université?

....

B *Lequel* as relative pronoun

GRAMMAR SECTION 236

> *Lequel* (m s), *laquelle* (f s), *lesquels* (m pl) and *lesquelles* (f pl) are used after a preposition to mean 'which/that' and usually refer to inanimate objects:
>
> *C'est l'entreprise pour **laquelle** il travaillait.*
> This is the firm for which he was working.
>
> *Où sont les crayons avec **lesquels** j'ai dessiné?*
> Where are the pencils with which I drew?
>
> The relative pronoun is often omitted in English and the preposition is moved to the end of the sentence (e.g. This is the firm he was working for. Where are the pencils I drew with?). In French the relative pronoun is **compulsory** and must be placed after the preposition and at the beginning of the relative clause.

4 Complete the sentences with the correct form of *lequel*.

e.g. Ce diplôme, pour **lequel** j'ai beaucoup travaillé, est important.

a J'ai un emploi, sans .... je ne pourrais pas vivre.

b Elle a fait deux longs stages, après .... elle a obtenu un poste.

c Voici les petites annonces dans .... j'espère trouver du travail.

d Il a un bon CV, sur .... il compte pour obtenir un emploi.

e Ce sont des professions intéressantes, pour .... il se passionne.

f La carrière vers .... il s'oriente est très respectée.

g Les nouveaux bureaux dans .... ils travaillent sont au rez-de-chaussée.

5 Reorder the words below to form correct sentences. Translate the sentences into English.

e.g. La/difficile/est/il se trouve/situation/laquelle/dans.
→ **La situation dans laquelle il se trouve est difficile.**
The situation in which he finds himself is difficult.

a Le/lequel/journal/dans/il a vu/s'appelle/la publicité/ 'Emploi-Jeunes'.

....

....

b La/pour/société/je voulais/laquelle/travailler/a déménagé.

....

....

c Voilà/deux/sur/sites de recrutement/lesquels/tu pourras/ ton CV/mettre.

....

....

d Ce sont/utiles/avec/des compétences/vous/lesquelles/ un poste/obtiendrez.

....

....

> ### *Lequel* with *à* and *de*
>
> When used with the preposition *à*, the relative pronouns *lequel*, *laquelle*, *lesquels*, *lesquelles* become *auquel*, *à laquelle*, *auxquels*, *auxquelles* respectively.
>
> When used with a compound preposition ending in *de*, they become *duquel*, *de laquelle*, *desquels*, *desquelles*. Commonly used compound prepositions include *près de*, *en face de*, *à côté de*, *au fond de*, *le long de*, *autour de*:
>
> *C'est un problème **auquel** je pense beaucoup.*
> It's a problem about which I think a lot.
>
> *L'usine en face **de laquelle** j'habite est énorme.*
> The factory opposite which I live is enormous.

---

6 Choose the appropriate relative pronoun in each sentence. Translate the sentences obtained.

e.g. Je pense **à** un film. Le film auquel/~~duquel~~ je pense est amusant.

I am thinking about a film. The film about which I am thinking is funny.

Ils sont près **d**'un lac. Le lac près ~~auquel~~/duquel ils sont est grand.

They are near a lake. The lake near which they are is big.

a Je réponds à une lettre. La lettre à laquelle/de laquelle je réponds est amusante.

....

b J'assiste à des concerts. Les concerts auxquels/desquels j'assiste sont bons.

....

c Il marche le long du quai. Le quai le long auquel/duquel il marche est long.

....

d Il y a un arbre au fond du jardin. Le jardin au fond auquel/duquel il y a un arbre est à moi.

....

e Il court autour de la maison. La maison autour à laquelle/de laquelle il court est belle.

....

f Il s'intéresse à ces plantes. Ces plantes, auxquelles/ desquelles il s'intéresse, sont rares.

....

g Je téléphone du bureau. Le bureau auquel/duquel je téléphone est moderne.

....

C Verbs requiring *à* or *de* before an infinitive

STUDENT BOOK **213** GRAMMAR SECTION **248**

> Certain verbs require either *à* or *de* before an infinitive:
>
> *Il apprendra **à** jouer de la guitare.*
> He will learn to play the guitar.
>
> *Nous essayons **d'**arriver à l'heure.*
> We try to arrive on time.

7 Complete these sentences with either *à* or *de* as appropriate. Try to do this without looking at the list in the Student Book, then check. Translate the sentences into English.

e.g. Il refuse .... me parler. → Il refuse **de** me parler. He refuses to speak to me.

a J'ai oublié .... téléphoner à Paul.

....

b Elle invite ses amis .... jouer au tennis.

....

c Tu réussis toujours .... finir avant moi.

....

d Ils vont essayer .... avoir de bons résultats.

....

e Nous avions décidé .... finir plus tôt.

....

f Il allait commencer .... jouer de la flute.

....

g Vous avez appris .... parler le français.

....

h On a arrêté .... regarder le film.

....

i Veux-tu aider .... débarrasser la table?

....

j Je suis obligé .... faire un stage en entreprise.

....

8 Use the pictures below to write sentences in French using the verb and the person indicated. Use the perfect tense for sentences a–d and the future tense for sentences f–h.

e.g.   apprendre à, il → **Il a appris à jouer de la batterie.**

a   s'amuser à, ils

....

b   continuer à, nous

....

c   cesser de, elle

....

d   éviter de, elles

e   passer ton temps à, tu

....

f   aider à, je

....

g   oublier de, vous

....

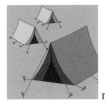

h   refuser de, il

....

Unité 14 Mon monde à moi

A *Connaitre* and *savoir*

GRAMMAR SECTION 247

Both *connaitre* and *savoir* translate as **to know**. Use *connaitre* to show that you are well acquainted with someone or that something is familiar to you. Use *savoir* to refer to knowledge of facts or to say that you know how to do something:

*J'habite à Paris depuis 15 ans, donc je **connais** bien Paris.*

I have lived in Paris for 15 years, so I know Paris well.

> *Je n'ai jamais rencontré Matt Pokora, mais je **sais** qui c'est.*
>
> I have never met Matt Pokora, but I know who he is.

1 Cross out the incorrect verb.

e.g. Ils ~~connaissent~~/savent que la capitale du Sénégal est Dakar.

a Je connais/sais que la France compte plus de 8 millions de pauvres.

b On connait/sait que 1,6 millions de Français vivent sans douches et sans toilettes.

c Amélie connait/sait des femmes dans les camps des réfugiés.

d Tu connais/sais l'album enregistré par les artistes rassemblés par Coluche?

e Vous connaissez/savez quels sont les pays les plus pauvres du monde?

f Ils connaissent/savent beaucoup de traditions maliennes.

g Elles connaissent/savent que les Musulmans fêtent le nouvel an à une date différente chaque année.

h Je connais/sais des organisations qui changent la vie des enfants.

i Il connait/sait que son travail comme bénévole est très important.

2 Complete the sentences below with the correct verb from the box.

a Vous .... combien de personnes vivent sans électricité?

b Je .... que plus de 100 millions de personnes n'ont pas assez à manger.

c Beaucoup d'enfants ne .... pas lire.

d On .... qu'il y a 97 Banques Alimentaires en France.

e Nous .... que l'Unicef est la principale organisation d'aide à l'enfance.

f Il a travaillé comme bénévole au Sénégal plusieurs fois; c'est un pays qu'il .... bien.

g .... qu'ils étaient pauvres, nous leur apportions des repas.

h Il .... la faim pendant la guerre.

i Vous n'êtes pas sans .... que notre organisation se trouve en France.

j Tu .... le mouvement mondial 'Abolissons la pauvreté' en regardant leur site web.

savoir	savons
sais	connait
savez	sachant
connaitras	a connu
sait	savent

3 Rewrite the speech below, inserting the correct form of *savoir* or *connaitre* as appropriate.

Vous **connaissez** peut-être l'organisation Unicef? Je travaille pour cette organisation depuis 3 ans. Je .... que beaucoup d'entre vous .... que l'organisation existe, mais je pense qu'on ne .... pas vraiment l'ampleur de la pauvreté dans certains pays. Mes collègues et moi, nous .... des familles qui vivent dans des circonstances incroyables. Nous .... que des enfants meurent chaque jour à cause de la faim et qu'il y a des milliers d'enfants qui ne .... que la pauvreté. Ils ne vont pas à l'école et ils ne .... ni écrire ni lire. Hier, j'ai rencontré Amir, qui vit au Mali. Il ne .... pas comment se débrouiller sans ses parents. Vous .... le Mali? Vous .... peut-être que c'est un pays francophone mais ....-vous ses coutumes et ses traditions? ....-vous comment vivent les enfants du Mali? Je .... que notre travail ici change la vie des enfants. N'hésitez pas à nous aider!

B Verbs requiring *à* + person + *de* + infinitive

STUDENT BOOK **213**   GRAMMAR SECTION **249**

> Certain verbs require *à* in front of a person and *de* in front of an infinitive:
>
> *Il demande **à** Pierre **de** jouer au concert.*
> He is asking Pierre to play at the concert.

4 Rearrange the following sentences, then translate them into English.

e.g. aux tu dit as sortir de filles → **Tu as dit aux filles de sortir.** You told the girls to go out.

a proposé vous Martin avez à au jouer de tennis

....

....

b va à ses elle parents travailler de promettre dur

....

....

c aux voyager nous conseillons garçons de le train par

....

....

d Marie à dit as-tu faire repassage de le?

....

....

e défendrai mes je partir de à enfants

....

....

f a à Marc la il de demandé voiture réparer

....

....

g permis à Juliette au aller concert d' ils ont

....

....

h à de au restaurant manger Sylvie promets je

....

....

i n'a défendu elle jamais fille à sa jouer concert rock de au de

....

....

j promettre je cousins à mes partir de vacances en vais

....

....

C Pronouns with verbs requiring *à* + person + *de* + infinitive

An indirect object pronoun (*me*, *te*, *lui*, *nous*, *vous*, *leur*) is needed to replace the à + a person:

*Il a demandé **à Louise** de revenir tout de suite.*

*Il **lui** a demandé de revenir tout de suite.*

5 Rewrite the sentences, replacing the words in bold with a suitable indirect object pronoun. Pay attention to the tense of the verb.

a Il demande à **Paul** de rentrer tôt.

....

b Elles proposent à **Julie** de faire une partie de tennis.

....

c Tu ne vas pas défendre à **Jean et à Henri** d'aller au Mali.

....

d Je dis **aux filles** d'étudier tous les verbes.

....

e Elle promet à **Lucie et à Christophe** d'acheter des glaces.

....

6 Put the correct indirect object pronoun (given in English) in the gap and translate the sentence into English.

e.g. Elles .... disent de partir (*us*) → **Elles nous disent de partir.** They are telling us to leave.

a Tu .... promettras de revenir (*me*).

....

b Ils .... avaient commandé de sortir (*you, pl*).

....

c Je vais .... défendre de faire la cuisine (*you, pl*).

....

d Elle ne va pas .... ordonner de jouer (*us*).

....

e Il .... a proposé de passer les vacances en Guadeloupe (*me*).

....

f Il .... conseille d'écouter le nouveau CD. (*me*)

....

g Nous .... demanderons de nous accompagner (*you, pl*).

....

h Elles vont .... dire d'aider (*them*).

....

i Vous .... avez permis d'aller au parc (*her*).

....

j On .... a promis de revenir samedi (*you, s*).

....

D Present subjunctive

STUDENT BOOK **139** GRAMMAR SECTION **245**

After certain verbs, phrases and other structures, the French language uses the subjunctive. In the same way that the imperative, for example, is used to express commands, the subjunctive is used mainly to express wishes, a will, expectation, necessity, possibility, emotions and other views and feelings such as doubt, surprise, regret and fear:

*Je voudrais que **tu finisses** ton repas.*
I would like you to finish your meal.

*Il s'étonne que **vous partiez** tout de suite.*
He is surprised that you should leave straightaway.

To form the present subjunctive, take the *ils* form of the present tense (*ils mangent, ils finissent, ils vendent*), remove the *-ent* ending and add: **-e, -es, -e, -ions, -iez** or **-ent**.

- **-er** verbs: *je mange, tu manges, il/elle/on mange, nous mangions, vous mangiez, ils/elles mangent*
- **-ir** verbs: *je finisse, tu finisses, il/elle/on finisse, nous finissions, vous finissiez, ils/elles finissent*
- **-re** verbs: *je vende, tu vendes, il/elle/on vende, nous vendions, vous vendiez, ils/elles vendent*

7 Give the correct form of the present subjunctive of the verbs below.

e.g. Je **boive** (*boire*)

a Tu .... (*voyager*)

b Je .... (*descendre*)

c Elles .... (*choisir*)

d Il .... (*se laver*)

e Nous .... (*jouer*)

f Je .... (*partir*)

g Tu .... (*boire*)

h Ils .... (*voir*)

i Vous .... (*choisir*)

j On .... (*lire*)

k Nous .... (*commencer*)

l Je .... (*connaitre*)

m Vous .... (*sortir*)

n Tu .... (*recevoir*)

o Elle .... (*mettre*)

p Nous .... (*offrir*)

q Je .... (*se dépêcher*)

r Elles .... (*croire*)

8 The subjunctive is needed after *il faut que…*. Change the sentences below following the model shown in the example.

e.g. Nous devons travailler. → **Il faut que nous travaillions.**

a Vous devez travailler. → Il faut que vous ....

b Elle doit aider les enfants. → ....

c Je dois demander au prof. → ....

d Nous devons écouter les jeunes. → ....

e On doit soigner les malades. → ....

f Tu dois écrire la lettre. → ....

g Ils doivent suivre les traditions. → ....

h Je dois attendre. → ....

i Nous devons nous rencontrer. → ....

j Je dois paraitre calme. → ....

Irregular verbs in present subjunctive

Some verbs are irregular in the present subjunctive. The most commonly used are:

- **être** (to be): *je **sois**, tu **sois**, il/elle/on **soit**, nous **soyons**, vous **soyez**, ils/elles **soient***
- **avoir** (to have): *j'**aie**, tu **aies**, il/elle/on **ait**, nous **ayons**, vous **ayez**, ils/elles **aient***
- **faire** (to do/make): *je **fasse**, tu **fasses**, il/elle/on **fasse**, nous **fassions**, vous **fassiez**, ils/elles **fassent***
- **aller** (to go): *j'**aille**, tu **ailles**, il/elle/on **aille**, nous **allions**, vous **alliez**, ils/elles **aillent***
- **vouloir** (to want): *je **veuille**, tu **veuilles**, il/elle/on **veuille**, nous **voulions**, vous **vouliez**, ils/elles **veuillent***
- **pouvoir** (to be able to): *je **puisse**, tu **puisses**, il/elle/on **puisse**, nous **puissions**, vous **puissiez**, ils/elles **puissent***
- **savoir** (to know): *je **sache**, tu **saches**, il/elle/on **sache**, nous **sachions**, vous **sachiez**, ils/elles **sachent***

9 The verbs in this exercise need to be followed by the subjunctive, because they express a wish (*souhaiter*), a doubt (*ne pas croire, ne pas penser*), surprise (*s'étonner*), regret (*regretter*), fear (*craindre, avoir peur*), an expectation (*attendre*) or a will (*vouloir*).

Complete the sentences with the correct form of the verbs in brackets. Then translate the sentences.

a Je souhaite que les enfants .... (*pouvoir*) réussir.

....

b Je ne crois pas qu'il .... (*savoir*) où j'habite.

....

c Ils s'étonnent que je .... (*vouloir*) étudier les maths.

....

d Elle regrette que tu .... (*ne pas aller*) à l'université.

....

e Je crains qu'elle .... (*avoir*) du retard.

....

f Elle a peur que vous .... (*se faire*) mal.

....

g Nos amis attendent que nous .... (*pouvoir*) sortir.

....

h Ma mère voudrait que je .... (*être*) médecin.

....

10 Translate the following into French. The second verb in each sentence needs to be in the subjunctive.

e.g. She wants you (pl) to listen. →
Elle veut que vous **écoutiez**.

a I want you (s) to do your homework.

....

b They wish me to succeed in my career.

....

c She is surprised that I haven't many books.

....

d I fear that he may not be able to travel.

....

e My pen-friend is waiting for me to go to France.

....

f I don't think he wants to go abroad.

....

Unité 15 Projets d'avenir

A Revision of tenses

GRAMMAR SECTION 241

> Throughout the course, you have studied the present, perfect, imperfect, future and pluperfect tenses and the conditional. Below are some exercises that give practice in the recognition of these tenses.

Future tense and conditional

Both the future and the conditional are formed with the infinitive (or an irregular future stem) but they have different endings.
- future: *je -ai, tu -as, il/elle/on -a, nous -ons, vous -ez, ils/elles -ont*
- conditional: *je -ais, tu -ais, il/elle/on -ait, nous -ions, vous -iez, ils/elles -aient*

1 For each verb, write the tense used and its meaning in English.

e.g. *Nous irons* → Future. We will go.

Nous irions → Conditional. We would go.

a Elle irait...

b Vous vous réveilleriez...

c Je descendrais...

d Ils appelleront...

e On se lèvera..

f Il montera..

g Elles choisiront..

h Nous tomberions...

i Elle fera..

j Tu mangerais..

Conditional and imperfect

The conditional and the imperfect tense have the same endings (*je -ais, tu -ais, il/elle/on -ait, nous -ions, vous -iez, ils/elles -aient*), but use a different stem.

To form the conditional, the endings are placed on the infinitive (or an irregular future stem). To form the imperfect, the endings are placed on the *nous* part of the present tense (once the *-ons* ending is removed).

2 State whether the verb is in the conditional or the imperfect and give its English translation.

e.g. Je regarderais. → **Conditional. I would watch.**

a Nous remplirions...

b Tu jetterais...

c Ils diraient...

d Il espérait...

e Nous nous dépêchions..

f On répondait...

g Elles couraient..

h Elle resterait..

i Vous arriviez..

j Je me doucherais..

Perfect and pluperfect

The perfect uses a part of *avoir* or *être* in the present tense as its auxiliary plus a past participle.
The pluperfect uses a part of *avoir* or *être* in the imperfect plus a past participle.

3 For each verb, write the tense used and the meaning in English.

e.g. J'ai fini. → **Perfect. I finished.**
J'avais fini. → **Pluperfect. I had finished.**

a Ils ont vu..

b Tu avais regardé...

c Nous sommes allés..

d Vous étiez venues..

e Il avait pris...

f Ils s'étaient promenés. ....

g Je me suis couché. ....

h Elle est partie. ....

i On a fini. ....

j Elles étaient descendues. ....

4 For all the verbs below, write the perfect, imperfect, future, pluperfect and the conditional in the person given.

e.g. louer, je → perfect *J'ai loué*; imperfect *Je louais*; future *Je louerai*; pluperfect *J'avais loué*; conditional *Je louerais*

a faire, elles

Perfect ....

Imperfect ....

Future ....

Pluperfect ....

Conditional ....

b aller, nous (m)

Perfect ....

Imperfect ....

Future ....

Pluperfect ....

Conditional ....

c se coucher, tu (f)

Perfect ....

Imperfect ....

Future ....

Pluperfect ....

Conditional ....

d finir, il

Perfect ....

Imperfect ....

Future ....

Pluperfect ....

Conditional ....

5 Write the verb given in brackets in the tense indicated.

a Perfect

e.g. Il (*sortir*) → **Il est sorti.**

Tu (f) (*se laver*) ....

Ils (*ouvrir*) ....

Vous (*être*) ....

Je (*appeler*) ....

b Pluperfect

e.g. Elle (*jeter*) → **Elle avait jeté.**

On (*avoir*) ....

Elle (*aller*) ....

Nous (f) (*se coucher*) ....

Tu (*finir*) ....

c Future

e.g. Ils (*se baigner*) → **Ils se baigneront.**

Je (*venir*) ....

Vous (*rester*) ....

On (*partir*) ....

Il (*recevoir*) ....

d Conditional

e.g. Tu (*aller*) → **Tu irais.**

Elle (*se maquiller*) ....

On (*descendre*) ....

Nous (*connaitre*) ....

Elles (*écrire*) ....

e Imperfect

e.g. Je (*se lever*) → **Je me levais.**

Vous (*monter*) ....

Elle (*choisir*) ....

Ils (*dire*) ....

Tu (*aimer*) ....

6 Write the verb in brackets in the correct tense. You need to look at the rest of the sentence to decide on the tense needed.

e.g. L'année prochaine, nous (*partir*) en vacances avec des amis. → L'année prochaine, nous **partirons** en vacances avec des amis.

a L'année dernière on (*jouer*) .... au golf une fois.

b Demain ils (*voir*) .... leurs amis.

c Quand j'étais petite, je (*sortir*) .... tous les dimanches.

d Je n'ai pas vu mon frère parce qu'il (*déjà partir*) ....

e Si vous aviez de l'argent, vous (*être*) .... plus heureux.

f Il y a deux ans, tu (*visiter*) .... la Guadeloupe.

g Quand les garçons sont arrivés, les filles (*déjà préparer*) .... le diner.

h Quand j'aurai trente ans, je (*se marier*) ....

i Quand les garçons habitaient à Paris, ils (*aller*) .... au cinéma tous les samedis.

j S'il faisait plus chaud, nous (*se baigner*) ....

7 On a separate sheet of paper, translate into French:

Every Saturday, when I was living in Martinique, I used to go to the beach and swim in the sea with my friends. Last year, we left Martinique to live in France. I had hoped to stay on the island for ever, but my parents decided to work in France. If I were rich, I would return to Martinique and I would live with my friends. We would go to the beach every Saturday. I know that I will return there one day because I was very happy there.

B Direct and indirect speech

GRAMMAR SECTION
248

Reporting what someone says can be done through direct speech:

Elle dit: 'J'habite ici.' She says: 'I live here.'

or through indirect speech:

Elle dit qu'elle habite ici. She says that she lives here.

Where in direct speech the reported words are in speech marks (inverted commas), in indirect speech they follow on from *que* or 'that'.

Indirect speech is introduced by verbs such as *dire que* (to say that), *expliquer que* (to explain that), *raconter que* (to tell that), *répéter que* (to repeat that), *répondre que* (to answer that), *promettre que* (to promise that), *annoncer que* (to announce that) and *ajouter que* (to add that).

When these verbs are in the present tense, the tense of the verbs within the reported speech does not change:

*Il explique: 'J'**ai lu** tard hier et je **suis** fatigué, mais j'**aimerais** sortir, donc je **dormirai** demain.'*

In indirect speech, although the pronoun changes, the tenses remain the same:

*Il explique qu'il **a lu** tard hier et qu'il **est** fatigué, mais qu'il **aimerait** sortir, donc qu'il **dormira** demain.*

Note how it is sometimes necessary to repeat **que** (that) to support the reported words.

8 Fill in the missing words in the indirect speech sentences below.

e.g. Marc dit: 'Je vais en ville.' → Marc dit qu'**il** va en ville.

a Mon frère annonce: 'Plus tard, je serai médecin.' →

Mon frère annonce que plus tard il .... médecin.

b Mes parents répondent: 'Nous sommes très contents.' →

Mes parents répondent qu' .... sont très contents.

c Moi, j'explique: 'Je préférerais être footballer.' →

Moi, j'explique que je .... être footballer.

d J'ajoute: 'J'ai toujours préféré le sport aux études.' →

J'ajoute ...... j' ..... toujours préféré le sport aux études.

e Sophie dit: 'Je n'aime pas étudier non plus.' →

Sophie dit........... n'aime pas étudier non plus.

When switching from direct to indirect speech, other words within the reported speech may change. In the example below, as well as the change of subject pronoun (*je/elle*), note the change of possessive adjective (*mes/ses*) and of reflexive pronoun (*me/s'*).

*Léa explique: '**Je me** suis disputée avec **mes** parents.'* →
*Léa explique qu'**elle s'**est disputée avec **ses** parents.*

9 Change the following from direct to indirect speech.

e.g. Elle dit: 'Je vais en ville avec ma sœur.' → **Elle dit qu'elle va en ville avec sa sœur.**

a Pierre et Marie annoncent: 'Nous voulons nous marier.'

....

b Je raconte: 'Avec mon copain, nous avons travaillé comme bénévoles.'

....

c Ils décident: 'L'an prochain, nous irons à l'université avec nos amis.'

....

d Tu expliques à ta mère: 'Je ne vais pas continuer mes études.'

....

e Luc répète: 'Je suis épuisé, et je voudrais me reposer.'

....

f Fabien et Luc promettent: 'Nous allons réussir nos examens.'

....

When the speech verbs (*dire que, répondre que* etc.) are in the perfect tense, the verbs within the reported speech change tense as follows:
- present tense → imperfect tense
- future tense → conditional
- perfect tense → pluperfect tense

e.g. Il a dit: 'Nous **sommes** fatigués car nous **avons travaillé** dur, et nous nous **coucherons** tôt.'

He said: 'We **are** tired because we **worked** hard, and we **will go to bed** early.' →

*Il a dit qu'ils **étaient** fatigués car ils **avaient travaillé** dur, et qu'ils se **coucheraient** tôt.*

He said that they **were** tired because they **had worked** hard, and that they **would go to bed** early.

10 Put the verbs within the reported speech in the correct tense and the correct form.

e.g. Il a expliqué: 'Je dois partir à l'étranger.' → Il a expliqué qu'il **devait** partir à l'étranger.

a Tu as dit: 'J'ai l'intention de voyager.' →

Tu as dit que tu ...... l'intention de voyager.

b Moi, j'ai répondu: 'Je resterai ici.' →

Moi, j'ai répondu que je ...... ici.

c Mon copain a annoncé: 'J'ai un projet.' →

Mon copain a annoncé qu'il ...... un projet.

d Il a raconté: 'J'ai fait des économies.' →

Il a raconté qu'il ...... des économies.

e Il a ajouté: 'Je veux créer une entreprise.' →

Il a ajouté qu'il ...... créer une entreprise.

f Il m'a promis: 'Je réussirai!' →

Il m'a promis qu'il ......

Verb tables

Cambridge IGCSE® French • Cambridge IGCSE (9–1) French

Infinitive	Present	Future	Imperfect	Conditional	Perfect	Pluperfect	Subjunctive
Regular -er verbs							
JOUER (to play)	je joue	je jouerai	je jouais	je jouerais	j'ai joué	j'avais joué	je joue
	tu joues	tu joueras	tu jouais	tu jouerais	tu as joué	tu avais joué	tu joues
	il/elle/on joue	il/elle/on jouera	il/elle/on jouait	il/elle/on jouerait	il/elle/on a joué	il/elle/on avait joué	il/elle/on joue
Present participle	nous jouons	nous jouerons	nous jouions	nous jouerions	nous avons joué	nous avions joué	nous jouions
jouant	vous jouez	vous jouerez	vous jouiez	vous joueriez	vous avez joué	vous aviez joué	vous jouiez
Past participle	ils/elles jouent	ils/elles joueront	ils/elles jouaient	ils/elles joueraient	ils/elles ont joué	ils/elles avaient joué	ils/elles jouent
joué							
Regular -ir verbs							
FINIR (to finish)	je finis	je finirai	je finissais	je finirais	j'ai fini	j'avais fini	je finisse
	tu finis	tu finiras	tu finissais	tu finirais	tu as fini	tu avais fini	tu finisses
	il/elle/on finit	il/elle/on finira	il/elle/on finissait	il/elle/on finirait	il/elle/on a fini	il/elle/on avait fini	il/elle/on finisse
Present participle	nous finissons	nous finirons	nous finissions	nous finirions	nous avons fini	nous aviors fini	nous finissions
finissant	vous finissez	vous finirez	vous finissiez	vous finiriez	vous avez fini	vous aviez fini	vous finissiez
Past participle	ils/elles finissent	ils/elles finiront	ils/elles finissaient	ils/elles finiraient	ils/elles ont fini	ils/elles avaient fini	ils/elles finissent
fini							
Regular -re verbs							
RENDRE (to give back)	je rends	je rendrai	je rendais	je rendrais	j'ai rendu	j'avais rendu	je rende
	tu rends	tu rendras	tu rendais	tu rendrais	tu as rendu	tu avais rendu	tu rendes
	il/elle/on rend	il/elle/on rendra	il/elle/on rendait	il/elle/on rendrait	il/elle/on a rendu	il/elle/on avait rendu	il/elle/on rende
Present participle	nous rendons	nous rendrons	nous rendions	nous rendrions	nous avons rendu	nous avions rendu	nous rendions
rendant	vous rendez	vous rendrez	vous rendiez	vous rendriez	vous avez rendu	vous aviez rendu	vous rendiez
Past participle	ils/elles rendent	ils/elles rendront	ils/elles rendaient	ils/elles rendraient	ils/elles ont rendu	ils/elles avaient rendu	ils/elles rendent
rendu							
Reflexive verbs							
SE COUCHER (to go to bed)	je me couche	je me coucherai	je me couchais	je me coucherais	je me suis couché(e)	je m'étais couché(e)	je me couche
	tu te couches	tu te coucheras	tu te couchais	tu te coucherais	tu t'es couché(e)	tu t'étais couché(e)	tu te couches
	il/elle/on se couche	il/elle/on se couchera	il/elle/on se couchait	il/elle/on se coucherait	il s'est couché	il s'était couché	il/elle/on se couche
					elle s'est couchée	elle s'était couchée	nous nous couchions
Present participle	nous nous couchons	nous nous coucherons	nous nous couchions	nous nous coucherions	on s'est couché(e)(s)	on s'était couché(e)(s)	vous vous couchiez
se couchant	vous vous couchez	vous vous coucherez	vous vous couchiez	vous vous coucheriez	nous nous sommes couché(e)s	nous nous étions couché(e)s	ils/elles se couchent
Past participle	ils/elles se couchent	ils/elles se coucheront	ils/elles se couchaient	ils/elles se coucheraient	vous vous êtes couché(e)(s)	vous vous étiez couché(e)(s)	
couché					ils se sont couchés	ils s'étaient couchés	
					elles se sont couchées	elles s'étaient couchées	
Frequently used irregular verbs							
AVOIR (to have)	j'ai	j'aurai	j'avais	j'aurais	j'ai eu	j'avais eu	j'aie
	tu as	tu auras	tu avais	tu aurais	tu as eu	tu avais eu	tu aies
	il/elle/on a	il/elle/on aura	il/elle/on avait	il/elle/on aurait	il/elle/on a eu	il/elle/on avait eu	il/elle/on ait
Present participle	nous avons	nous aurons	nous avions	nous aurions	nous avons eu	nous avions eu	nous ayons
ayant	vous avez	vous aurez	vous aviez	vous auriez	vous avez eu	vous aviez eu	vous ayez
Past participle	ils/elles ont	ils/elles auront	ils/elles avaient	ils/elles auraient	ils/elles ont eu	ils/elles avaient eu	ils/elles aient
eu							

Verb tables

Infinitive	Present	Future	Imperfect	Conditional	Perfect	Pluperfect	Subjunctive
ÊTRE (to be)	je suis tu es il/elle/on est nous sommes vous êtes ils/elles sont	je serai tu seras il/elle/on sera nous serons vous serez ils/elles seront	j'étais tu étais il/elle/on était nous étions vous étiez ils/elles étaient	je serais tu serais il/elle/on serait nous serions vous seriez ils/elles seraient	j'ai été tu as été il/elle/on a été nous avons été vous avez été ils/elles ont été	j'avais été tu avais été il/elle/on avait été nous avions été vous aviez été ils/elles avaient été	je sois tu sois il/elle/on soit nous soyons vous soyez ils/elles soient
Present participle étant							
Past participle été							
ALLER (to go)	je vais tu vas il/elle/on va nous allons vous allez ils/elles vont	j'irai tu iras il/elle/on ira nous irons vous irez ils/elles iront	j'allais tu allais il/elle/on allait nous allions vous alliez ils/elles allaient	j'irais tu irais il/elle/on irait nous irions vous iriez ils/elles iraient	je suis allé(e) tu es allé(e) il est allé elle est allée on est allé(e)(s) nous sommes allé(e)(s) vous êtes allé(e)(s) ils sont allés elles sont allées	j'étais allé(e) tu étais allé(e) il était allé elle était allée on était allé(e)(s) nous étions allé(e)(s) vous étiez allé(e)(s) ils étaient allés elles étaient allées	j'aille tu ailles il/elle/on aille nous allions vous alliez ils/elles aillent
Present participle allant							
Past participle allé							
Modal verbs							
DEVOIR (to have to/to owe)	je dois tu dois il/elle/on doit nous devons vous devez ils/elles doivent	je devrai tu devras il/elle/on devra nous devrons vous devrez ils/elles devront	je devais tu devais il/elle/on devait nous devions vous deviez ils/elles devaient	je devrais tu devrais il/elle/on devrait nous devrions vous devriez ils/elles devraient	j'ai dû tu as dû il/elle/on a dû nous avons dû vous avez dû ils/elles ont dû	j'avais dû tu avais dû il/elle/on avait dû nous avions dû vous aviez dû ils/elles avaient dû	je doive tu doives il/elle/on doive nous devions vous deviez ils/elles doivent
Present participle devant							
Past participle dû							
POUVOIR (to be able)	je peux tu peux il/elle/on peut nous pouvons vous pouvez ils/elles peuvent	je pourrai tu pourras il/elle/on pourra nous pourrons vous pourrez ils/elles pourront	je pouvais tu pouvais il/elle/on pouvait nous pouvions vous pouviez ils/elles pouvaient	je pourrais tu pourrais il/elle/on pourrait nous pourrions vous pourriez ils/elles pourraient	j'ai pu tu as pu il/elle/on a pu nous avons pu vous avez pu ils/elles ont pu	j'avais pu tu avais pu il/elle/on avait pu nous avions pu vous aviez pu ils/elles avaient pu	je puisse tu puisses il/elle/on puisse nous puissions vous puissiez ils/elles puissent
Present participle pouvant							
Past participle pu							
SAVOIR (to know)	je sais tu sais il/elle/on sait nous savons vous savez ils/elles savent	je saurai tu sauras il/elle/on saura nous saurons vous saurez ils/elles sauront	je savais tu savais il/elle/on savait nous savions vous saviez ils/elles savaient	je saurais tu saurais il/elle/on saurait nous saurions vous sauriez ils/elles sauraient	j'ai su tu as su il/elle/on a su nous avons su vous avez su ils/elles ont su	j'avais su tu avais su il/elle/on avait su nous avions su vous aviez su ils/elles avaient su	je sache tu saches il/elle/on sache nous sachions vous sachiez ils/elles sachent
Present participle sachant							
Past participle su							
VOULOIR (to wish/to want)	je veux tu veux il/elle/on veut nous voulons vous voulez ils/elles veulent	je voudrai tu voudras il/elle/on voudra nous voudrons vous voudrez ils/elles voudront	je voulais tu voulais il/elle/on voulait nous voulions vous vouliez ils/elles voulaient	je voudrais tu voudrais il/elle/on voudrait nous voudrions vous voudriez ils/elles voudraient	j'ai voulu tu as voulu il/elle/on a voulu nous avons voulu vous avez voulu ils/elles ont voulu	j'avais voulu tu avais voulu il/elle/on avait voulu nous avions voulu vous aviez voulu ils/elles avaient voulu	je veuille tu veuilles il/elle/on veuille nous voulions vous vouliez ils/elles veuillent
Present participle voulant							
Past participle voulu							

Infinitive	Present	Future	Imperfect	Conditional	Perfect	Pluperfect	Subjunctive
APPELER (to call) **Present participle** appelant **Past participle** appelé	j'appelle tu appelles il/elle/on appelle nous appelons vous appelez ils/elles appellent	j'appellerai tu appelleras il/elle/on appellera nous appellerons vous appellerez ils/elles appelleront	j'appelais tu appelais il/elle/on appelait nous appelions vous appeliez ils/elles appelaient	j'appellerais tu appellerais il/elle/on appellerait nous appellerions vous appelleriez ils/elles appelleraient	j'ai appelé tu as appelé il/elle/on a appelé nous avons appelé vous avez appelé ils/elles ont appelé	j'avais appelé tu avais appelé il/elle/on avait appelé nous avions appelé vous aviez appelé ils/elles avaient appelé	j'appelle tu appelles il/elle/on appelle nous appelions vous appeliez ils/elles appellent
S'ASSOIR (to sit down) **Present participle** s'asseyant **Past participle** assis	je m'assieds tu t'assieds il/elle/on s'assied nous nous asseyons vous vous asseyez ils/elles s'asseyent	je m'assiérai tu t'assiéras il/elle/on s'assiéra nous nous assiérons vous vous assiérez ils/elles s'assiéront	je m'asseyais tu t'asseyais il/elle/on s'asseyait nous nous asseyions vous vous asseyiez ils/elles s'asseyaient	je m'assiérais tu t'assiérais il/elle/on s'assiérait nous nous assiérions vous vous assiériez ils/elles s'assiéraient	je me suis assis(e) tu t'es assis(e) il s'est assis elle s'est assise on s'est assis(e)(s) nous nous sommes assis(es) vous vous êtes assis(e)(s) ils/elles se sont assis(es)	je m'étais assis(e) tu t'étais assis(e) il s'était assis elle s'était assise on s'était assis(e)(s) nous nous étions assis(es) vous vous étiez assis(e)(s) ils/elles s'étaient assis(es)	je m'asseye tu t'asseyes il/elle/on s'asseye nous nous asseyions vous vous asseyiez ils/elles s'asseyent
BOIRE (to drink) **Present participle** buvant **Past participle** bu	je bois tu bois il/elle/on boit nous buvons vous buvez ils/elles boivent	je boirai tu boiras il/elle/on boira nous boirons vous boirez ils/elles boiront	je buvais tu buvais il/elle/on buvait nous buvions vous buviez ils/elles buvaient	je boirais tu boirais il/elle/on boirait nous boirions vous boiriez ils/elles boiraient	j'ai bu tu as bu il/elle/on a bu nous avons bu vous avez bu ils/elles ont bu	j'avais bu tu avais bu il/elle/on avait bu nous avions bu vous aviez bu ils/elles avaient bu	je boive tu boives il/elle/on boive nous buvions vous buviez ils/elles boivent
COMMENCER (to begin/start) **Present participle** commençant **Past participle** commencé	je commence tu commences il/elle/on commence nous commençons vous commencez ils/elles commencent	je commencerai tu commenceras il/elle/on commencera nous commencerons vous commencerez ils/elles commenceront	je commençais tu commençais il/elle/on commençait nous commencions vous commenciez ils/elles commençaient	je commencerais tu commencerais il/elle/on commencerait nous commencerions vous commenceriez ils/elles commenceraient	j'ai commencé tu as commencé il/elle/on a commencé nous avons commencé vous avez commencé ils/elles ont commencé	j'avais commencé tu avais commencé il/elle/on avait commencé nous avions commencé vous aviez commencé ils/elles avaient commencé	je commence tu commences il/elle/on commence nous commencions vous commenciez ils/elles commencent
CONDUIRE (to drive) **Present participle** conduisant **Past participle** conduit	je conduis tu conduis il/elle/on conduit nous conduisons vous conduisez ils/elles conduisent	je conduirai tu conduiras il/elle/on conduira nous conduirons vous conduirez ils/elles conduiront	je conduisais tu conduisais il/elle/on conduisait nous conduisions vous conduisiez ils/elles conduisaient	je conduirais tu conduirais il/elle/on conduirait nous conduirions vous conduiriez ils/elles conduiraient	j'ai conduit tu as conduit il/elle/on a conduit nous avons conduit vous avez conduit ils/elles ont conduit	j'avais conduit tu avais conduit il/elle/on avait conduit nous avions conduit vous aviez conduit ils/elles avaient conduit	je conduise tu conduises il/elle/on conduise nous conduisions vous conduisiez ils/elles conduisent
CONNAITRE (to know (a person, place, book, film)) **Present participle** connaissant **Past participle** connu	je connais tu connais il/elle/on connait nous connaissons vous connaissez ils/elles connaissent	je connaitrai tu connaitras il/elle/on connaitra nous connaitrons vous connaitrez ils/elles connaitront	je connaissais tu connaissais il/elle/on connaissait nous connaissions vous connaissiez ils/elles connaissaient	je connaitrais tu connaitrais il/elle/on connaitrait nous connaitrions vous connaitriez ils/elles connaitraient	j'ai connu tu as connu il/elle/on a connu nous avons connu vous avez connu ils/elles ont connu	j'avais connu tu avais connu il/elle/on avait connu nous avions connu vous aviez connu ils/elles avaient connu	je connaisse tu connaisses il/elle/on connaisse nous connaissions vous connaissiez ils/elles connaissent
COURIR (to run) **Present participle** courant **Past participle**	je cours tu cours il/elle/on court nous courons vous courez	je courrai tu courras il/elle/on courra nous courrons vous courrez	je courais tu courais il/elle/on courait nous courions vous couriez	je courrais tu courrais il/elle/on courrait nous courrions vous courriez	j'ai couru tu as couru il/elle/on a couru nous avons couru vous avez couru	j'avais couru tu avais couru il/elle/on avait couru nous avions couru vous aviez couru	je coure tu coures il/elle/on coure nous courions vous couriez

Infinitive	Present	Future	Imperfect	Conditional	Perfect	Pluperfect	Subjunctive
CROIRE (to believe)	je crois	je croirai	je croyais	je croirais	j'ai cru	j'avais cru	je croie
	tu crois	tu croiras	tu croyais	tu croirais	tu as cru	tu avais cru	tu croies
	il/elle/on croit	il/elle/on croira	il/elle/on croyait	il/elle/on croirait	il/elle/on a cru	il/elle/on avait cru	il/elle/on croie
	nous croyons	nous croirons	nous croyions	nous croirions	nous avons cru	nous avions cru	nous croyions
	vous croyez	vous croirez	vous croyiez	vous croiriez	vous avez cru	vous aviez cru	vous croyiez
Present participle croyant	ils/elles croient	ils/elles croiront	ils/elles croyaient	ils/elles croiraient	ils/elles ont cru	ils/elles avaient cru	ils/elles croient
Past participle cru							
DIRE (to say, to tell)	je dis	je dirai	je disais	je dirais	j'ai dit	j'avais dit	je dise
	tu dis	tu diras	tu disais	tu dirais	tu as dit	tu avais dit	tu dises
	il/elle/on dit	il/elle/on dira	il/elle/on disait	il/elle/on dirait	il/elle/on a dit	il/elle/on avait dit	il/elle/on dise
	nous disons	nous dirons	nous disions	nous dirions	nous avons dit	nous avions dit	nous disions
	vous dites	vous direz	vous disiez	vous diriez	vous avez dit	vous aviez dit	vous disiez
Present participle disant	ils/elles disent	ils/elles diront	ils/elles disaient	ils/elles diraient	ils/elles ont dit	ils/elles avaient dit	ils/elles disent
Past participle dit							
DORMIR (to sleep)	je dors	je dormirai	je dormais	je dormirais	j'ai dormi	j'avais dormi	je dorme
	tu dors	tu dormiras	tu dormais	tu dormirais	tu as dormi	tu avais dormi	tu dormes
	il/elle/on dort	il/elle/on dormira	il/elle/on dormait	il/elle/on dormirait	il/elle/on a dormi	il/elle/on avait dormi	il/elle/on dorme
	nous dormons	nous dormirons	nous dormions	nous dormirions	nous avons dormi	nous avions dormi	nous dormions
	vous dormez	vous dormirez	vous dormiez	vous dormiriez	vous avez dormi	vous aviez dormi	vous dormiez
Present participle dormant	ils/elles dorment	ils/elles dormiront	ils/elles dormaient	ils/elles dormiraient	ils/elles ont dormi	ils/elles avaient dormi	ils/elles dorment
Past participle dormi							
ÉCRIRE (to write)	j'écris	j'écrirai	j'écrivais	j'écrirais	j'ai écrit	j'avais écrit	j'écrive
	tu écris	tu écriras	tu écrivais	tu écrirais	tu as écrit	tu avais écrit	tu écrives
	il/elle/on écrit	il/elle/on écrira	il/elle/on écrivait	il/elle/on écrirait	il/elle/on a écrit	il/elle/on avait écrit	il/elle/on écrive
	nous écrivons	nous écrirons	nous écrivions	nous écririons	nous avons écrit	nous avions écrit	nous écrivions
	vous écrivez	vous écrirez	vous écriviez	vous écririez	vous avez écrit	vous aviez écrit	vous écriviez
Present participle écrivant	ils/elles écrivent	ils/elles écriront	ils/elles écrivaient	ils/elles écriraient	ils/elles ont écrit	ils/elles avaient écrit	ils/elles écrivent
Past participle écrit							
ENVOYER (to send)	j'envoie	j'enverrai	j'envoyais	j'enverrais	j'ai envoyé	j'avais envoyé	j'envoie
	tu envoies	tu enverras	tu envoyais	tu enverrais	tu as envoyé	tu avais envoyé	tu envoies
	il/elle/on envoie	il/elle/on enverra	il/elle/on envoyait	il/elle/on enverrait	il/elle/on a envoyé	il/elle/on avait envoyé	il/elle/on envoie
	nous envoyons	nous enverrons	nous envoyions	nous enverrions	nous avons envoyé	nous avions envoyé	nous envoyions
	vous envoyez	vous enverrez	vous envoyiez	vous enverriez	vous avez envoyé	vous aviez envoyé	vous envoyiez
Present participle envoyant	ils/elles envoient	ils/elles enverront	ils/elles envoyaient	ils/elles enverraient	ils/elles ont envoyé	ils/elles avaient envoyé	ils/elles envoient
Past participle envoyé							
ESPÉRER (to hope)	j'espère	j'espérerai	j'espérais	j'espérerais	j'ai espéré	j'avais espéré	j'espère
	tu espères	tu espéreras	tu espérais	tu espérerais	tu as espéré	tu avais espéré	tu espères
	il/elle/on espère	il/elle/on espérera	il/elle/on espérait	il/elle/on espérerait	il/elle/on a espéré	il/elle/on avait espéré	il/elle/on espère
	nous espérons	nous espérerons	nous espérions	nous espérerions	nous avons espéré	nous avions espéré	nous espérions
	vous espérez	vous espérerez	vous espériez	vous espéreriez	vous avez espéré	vous aviez espéré	vous espériez
Present participle espérant	ils/elles espèrent	ils/elles espéreront	ils/elles espéraient	ils/elles espéreraient	ils/elles ont espéré	ils/elles avaient espéré	ils/elles espèrent
Past participle espéré							
ESSAYER (to try)	j'essaie	j'essayerai	j'essayais	j'essayerais	j'ai essayé	j'avais essayé	j'essaie
	tu essaies	tu essayeras	tu essayais	tu essayerais	tu as essayé	tu avais essayé	tu essaies
	il/elle/on essaie	il/elle/on essayera	il/elle/on essayait	il/elle/on essayerait	il/elle/on a essayé	il/elle/on avait essayé	il/elle/on essaie
	nous essayons	nous essayerons	nous essayions	nous essayerions	nous avons essayé	nous avions essayé	nous essayions
	vous essayez	vous essayerez	vous essayiez	vous essayeriez	vous avez essayé	vous aviez essayé	vous essayiez
Present participle essayant	ils/elles essaient	ils/elles essayeront	ils/elles essayaient	ils/elles essayeraient	ils/elles ont essayé	ils/elles avaient essayé	ils/elles essaient
Past participle essayé							
FAIRE (to do/to make)	je fais	je ferai	je faisais	je ferais	j'ai fait	j'avais fait	je fasse
	tu fais	tu feras	tu faisais	tu ferais	tu as fait	tu avais fait	tu fasses
	il/elle/on fait	il/elle/on fera	il/elle/on faisait	il/elle/on ferait	il/elle/on a fait	il/elle/on avait fait	il/elle/on fasse
	nous faisons	nous ferons	nous faisions	nous ferions	nous avons fait	nous avions fait	nous fassions
	vous faites	vous ferez	vous faisiez	vous feriez	vous avez fait	vous aviez fait	vous fassiez
Present participle faisant	ils/elles font	ils/elles feront	ils/elles faisaient	ils/elles feraient	ils/elles ont fait	ils/elles avaient fait	ils/elles fassent
Past participle fait							

Infinitive	Present	Future	Imperfect	Conditional	Perfect	Pluperfect	Subjunctive
LIRE (to read)	je lis	je lirai	je lisais	je lirais	j'ai lu	j'avais lu	je lise
Present participle lisant	tu lis	tu liras	tu lisais	tu lirais	tu as lu	tu avais lu	tu lises
Past participle lu	il/elle/on lit	il/elle/on lira	il/elle/on lisait	il/elle/on lirait	il/elle/on a lu	il/elle/on avait lu	il/elle/on lise
	nous lisons	nous lirons	nous lisions	nous lirions	nous avons lu	nous avions lu	nous lisions
	vous lisez	vous lirez	vous lisiez	vous liriez	vous avez lu	vous aviez lu	vous lisiez
	ils/elles lisent	ils/elles liront	ils/elles lisaient	ils/elles liraient	ils/elles ont lu	ils/elles avaient lu	ils/elles lisent
METTRE (to put)	je mets	je mettrai	je mettais	je mettrais	j'ai mis	j'avais mis	je mette
Present participle mettant	tu mets	tu mettras	tu mettais	tu mettrais	tu as mis	tu avais mis	tu mettes
Past participle mis	il/elle/on met	il/elle/on mettra	il/elle/on mettait	il/elle/on mettrait	il/elle/on a mis	il/elle/on avait mis	il/elle/on mette
	nous mettons	nous mettrons	nous mettions	nous mettrions	nous avons mis	nous avions mis	nous mettions
	vous mettez	vous mettrez	vous mettiez	vous mettriez	vous avez mis	vous aviez mis	vous mettiez
	ils/elles mettent	ils/elles mettront	ils/elles mettaient	ils/elles mettraient	ils/elles ont mis	ils/elles avaient mis	ils/elles mettent
MOURIR (to die)	je meurs	je mourrai	je mourais	je mourrais	je suis mort(e)	j'étais mort(e)	je meure
Present participle mourant	tu meurs	tu mourras	tu mourais	tu mourrais	tu es mort(e)	tu étais mort(e)	tu meures
Past participle mort	il/elle/on meurt	il/elle/on mourra	il/elle/on mourait	il/elle/on mourrait	il est mort	il était mort	il/elle/on meure
	nous mourons	nous mourrons	nous mourions	nous mourrions	elle est morte	elle était morte	nous mourions
	vous mourez	vous mourrez	vous mouriez	vous mourriez	on est mort(e)(s)	on était mort(e)(s)	vous mouriez
	ils/elles meurent	ils/elles mourront	ils/elles mouraient	ils/elles mourraient	nous sommes mort(e)s	nous étions mort(e)s	ils/elles meurent
					vous êtes mort(e)(s)	vous étiez mort(e)(s)	
					ils sont morts	ils étaient morts	
					elles sont mortes	elles étaient mortes	
NAITRE (to be born)	je nais	je naitrai	je naissais	je naitrais	je suis né(e)	j'étais né(e)	je naisse
Present participle naissant	tu nais	tu naitras	tu naissais	tu naitrais	tu es né(e)	tu étais né(e)	tu naisses
Past participle né	il/elle/on nait	il/elle/on naitra	il/elle/on naissait	il/elle/on naitrait	il est né	il était né	il/elle/on naisse
	nous naissons	nous naitrons	nous naissions	nous naitrions	elle est née	elle était née	nous naissions
	vous naissez	vous naitrez	vous naissiez	vous naitriez	on est né(e)(s)	on était né(e)(s)	vous naissiez
	ils/elles naissent	ils/elles naitront	ils/elles naissaient	ils/elles naitraient	nous sommes né(e)s	nous étions né(e)s	ils/elles naissent
					vous êtes né(e)(s)	vous étiez né(e)(s)	
					ils sont nés	ils étaient nés	
					elles sont nées	elles étaient nées	
OUVRIR (to open)	j'ouvre	j'ouvrirai	j'ouvrais	j'ouvrirais	j'ai ouvert	j'avais ouvert	j'ouvre
Present participle ouvrant	tu ouvres	tu ouvriras	tu ouvrais	tu ouvrirais	tu as ouvert	tu avais ouvert	tu ouvres
Past participle ouvert	il/elle/on ouvre	il/elle/on ouvrira	il/elle/on ouvrait	il/elle/on ouvrirait	il/elle/on a ouvert	il/elle/on avait ouvert	il/elle/on ouvre
	nous ouvrons	nous ouvrirons	nous ouvrions	nous ouvririons	nous avons ouvert	nous avions ouvert	nous ouvrions
	vous ouvrez	vous ouvrirez	vous ouvriez	vous ouvririez	vous avez ouvert	vous aviez ouvert	vous ouvriez
	ils/elles ouvrent	ils/elles ouvriront	ils/elles ouvraient	ils/elles ouvriraient	ils/elles ont ouvert	ils/elles avaient ouvert	ils/elles ouvrent
PARTIR (to leave)	je pars	je partirai	je partais	je partirais	je suis parti(e)	j'étais parti(e)	je parte
Present participle partant	tu pars	tu partiras	tu partais	tu partirais	tu es parti(e)	tu étais parti(e)	tu partes
Past participle parti	il/elle/on part	il/elle/on partira	il/elle/on partait	il/elle/on partirait	il est parti	il était parti	il/elle/on parte
	nous partons	nous partirons	nous partions	nous partirions	elle est partie	elle était partie	nous partions
	vous partez	vous partirez	vous partiez	vous partiriez	on est parti(e)(s)	on était parti(e)(s)	vous partiez
	ils/elles partent	ils/elles partiront	ils/elles partaient	ils/elles partiraient	nous sommes parti(e)s	nous étions parti(e)s	ils/elles partent
					vous êtes parti(e)(s)	vous étiez parti(e)(s)	
					ils sont partis	ils étaient partis	
					elles sont parties	elles étaient parties	
PRENDRE (to take)	je prends	je prendrai	je prenais	je prendrais	j'ai pris	j'avais pris	je prenne
Present participle prenant	tu prends	tu prendras	tu prenais	tu prendrais	tu as pris	tu avais pris	tu prennes
Past participle pris	il/elle/on prend	il/elle/on prendra	il/elle/on prenait	il/elle/on prendrait	il/elle/on a pris	il/elle/on avait pris	il/elle/on prenne
	nous prenons	nous prendrons	nous prenions	nous prendrions	nous avons pris	nous avions pris	nous prenions
	vous prenez	vous prendrez	vous preniez	vous prendriez	vous avez pris	vous aviez pris	vous preniez
	ils/elles prennent	ils/elles prendront	ils/elles prenaient	ils/elles prendraient	ils/elles ont pris	ils/elles avaient pris	ils/elles prennent

Cambridge IGCSE® French • Cambridge IGCSE (9–1) French

Photocopying prohibited

Infinitive	Present	Future	Imperfect	Conditional	Perfect	Pluperfect	Subjunctive
RECEVOIR (to receive) **Present participle** recevant **Past participle** reçu	je reçois tu reçois il/elle/on reçoit nous recevons vous recevez ils/elles reçoivent	je recevrai tu recevras il/elle/on recevra nous recevrons vous recevrez ils/elles recevront	je recevais tu recevais il/elle/on recevait nous recevions vous receviez ils/elles recevaient	je recevrais tu recevrais il/elle/on recevrait nous recevrions vous recevriez ils/elles recevraient	j'ai reçu tu as reçu il/elle/on a reçu nous avons reçu vous avez reçu ils/elles ont reçu	j'avais reçu tu avais reçu il/elle/on avait reçu nous avions reçu vous aviez reçu ils/elles avaient reçu	je reçoive tu reçoives il/elle/on reçoive nous recevions vous receviez ils/elles reçoivent
RIRE (to laugh) **Present participle** riant **Past participle** ri	je ris tu ris il/elle/on rit nous rions vous riez ils/elles rient	je rirai tu riras il/elle/on rira nous rirons vous rirez ils/elles riront	je riais tu riais il/elle/on riait nous riions vous riiez ils/elles riaient	je rirais tu rirais il/elle/on rirait nous ririons vous ririez ils/elles riraient	j'ai ri tu as ri il/elle/on a ri nous avons ri vous avez ri ils/elles ont ri	j'avais ri tu avais ri il/elle/on avait ri nous avions ri vous aviez ri ils/elles avaient ri	je rie tu ries il/elle/on rie nous riions vous riiez ils/elles rient
SORTIR (to go/come out) **Present participle** sortant **Past participle** sorti	je sors tu sors il/elle/on sort nous sortons vous sortez ils/elles sortent	je sortirai tu sortiras il/elle/on sortira nous sortirons vous sortirez ils/elles sortiront	je sortais tu sortais il/elle/on sortait nous sortions vous sortiez ils/elles sortaient	je sortirais tu sortirais il/elle/on sortirait nous sortirions vous sortiriez ils/elles sortiraient	je suis sorti(e) tu es sorti(e) il est sorti elle est sortie on est sorti(e)(s) nous sommes sorti(e)s vous êtes sorti(e)(s) ils sont sortis elles sont sorties	j'étais sorti(e) tu étais sorti(e) il était sorti elle était sortie on était sorti(e)(s) nous étions sorti(e)s vous étiez sorti(e)(s) ils étaient sortis elles étaient sorties	je sorte tu sortes il/elle/on sorte nous sortions vous sortiez ils/elles sortent
VENIR (to come) **Present participle** venant **Past participle** venu	je viens tu viens il/elle/on vient nous venons vous venez ils/elles viennent	je viendrai tu viendras il/elle/on viendra nous viendrons vous viendrez ils/elles viendront	je venais tu venais il/elle/on venait nous venions vous veniez ils/elles venaient	je viendrais tu viendrais il/elle/on viendrait nous viendrions vous viendriez ils/elles viendraient	je suis venu(e) tu es venu(e) il est venu elle est venue on est venu(e)(s) nous sommes venu(e)s vous êtes venu(e)(s) ils sont venus elles sont venues	j'étais venu(e) tu étais venu(e) il était venu elle était venue on était venu(e)(s) nous étions venu(e)s vous étiez venu(e)(s) ils étaient venus elles étaient venues	je vienne tu viennes il/elle/on vienne nous venions vous veniez ils/elles viennent
VIVRE (to live) **Present participle** vivant **Past participle** vécu	je vis tu vis il/elle/on vit nous vivons vous vivez ils/elles vivent	je vivrai tu vivras il/elle/on vivra nous vivrons vous vivrez ils/elles vivront	je vivais tu vivais il/elle/on vivait nous vivions vous viviez ils/elles vivaient	je vivrais tu vivrais il/elle/on vivrait nous vivrions vous vivriez ils/elles vivraient	j'ai vécu tu as vécu il/elle/on a vécu nous avons vécu vous avez vécu ils/elles ont vécu	j'avais vécu tu avais vécu il/elle/on avait vécu nous avions vécu vous aviez vécu ils/elles avaient vécu	je vive tu vives il/elle/on vive nous vivions vous viviez ils/elles vivent
VOIR (to see) **Present participle** voyant **Past participle** vu	je vois tu vois il/elle/on voit nous voyons vous voyez ils/elles voient	je verrai tu verras il/elle/on verra nous verrons vous verrez ils/elles verront	je voyais tu voyais il/elle/on voyait nous voyions vous voyiez ils/elles voyaient	je verrais tu verrais il/elle/on verrait nous verrions vous verriez ils/elles verraient	j'ai vu tu as vu il/elle/on a vu nous avons vu vous avez vu ils/elles ont vu	j'avais vu tu avais vu il/elle/on avait vu nous avions vu vous aviez vu ils/elles avaient vu	je voie tu voies il/elle/on voie nous voyions vous voyiez ils/elles voient

Index of grammar topics

With thanks to Martin Fries for his helpful review of this workbook.

Orders: please contact Bookpoint Ltd, 130 Milton Park, Abingdon, Oxon OX14 4SB. Telephone: (44) 01235 827827. Fax: (44) 01235 400401. Lines are open from 9.00 to 5.00, Monday to Saturday, with a 24-hour message answering service. You can also order through our website www.hoddereducation.co.uk

If you have any comments to make about this, or any of our other titles, please send them to educationenquiries@hodder.co.uk

British Library Cataloguing in Publication Data

A catalogue record for this title is available from the British Library

ISBN: 978 1 4441 8099 2

This edition published 2018.

Impression number   11

Year   2018

Copyright © 2013 Yvette Grime, Jayn Witt

Hachette UK's policy is to use papers that are natural, renewable and recyclable products and made from wood grown in sustainable forests. The logging and manufacturing processes are expected to conform to the environmental regulations of the country of origin.

Typeset by Datapage (India) Pvt. Ltd.

Printed in Great Britain for Hodder Education, an Hachette UK Company Carmelite House, 50 Victoria Embankment, London EC4Y 0DZ.

® IGCSE is the registered trademark of Cambridge International Examinations.

This text has not been through the Cambridge endorsement process.

ISBN 978-1-4441-8099-2